Ruzan or Miss Patriot

Muratsan

ՌՈՒԶԱՆ ԿԱՄ ՀԱՅՐԵՆԱՍԵՐ ՕՐԻՈՐԴ

ՄՈՒՐԱՑԱՆ

Ruzan or Miss Patriot

Contact:
IndoEuropeanPublishing@gmail.com

ISNB: 978-1-60444-810-8

ՌՈՒԶԱՆ ԿԱՄ ՀԱՅՐԵՆԱՍԵՐ ՕՐԻՈՐԴ

© Հնդեվրոպական Հրատարակչություն, 2014

Հրատարակված է Ամերիկայի Միացյալ Նահանգներում:

Կապ՝

IndoEuropeanPublishing@gmail.com

ISNB: 978-1-60444-810-8

ՊԱՏՄԱԿԱՆ ԴՐԱՄԱ

5 ԱՐԱՐՎԱԾՈՎ
(ԻՆԸ ՊԱՏԿԵՐ)

ԳՈՐԾՈՂ ԱՆՁԻՆՔ

ՀԱՍԱՆ ՋԱԼԱԼ – Արցախի իշխանապետ
ՄԱՄՔԱՆ – Ջալալի կինը
ՌՈՒԶԱՆ – Ջալալի աղջիկը
ՆԵՐՍԵՀ – Ռուզանի նշանածը
ԶԱՔԱՐԵ – Ջալալի մեծ եղբայրը
ՈՒՄԵԿ – Ջալալի մեծ փեսան
ՍՄԲԱՏ – Ներսեհի մտերիմը
ՀԱՄՏՈՒՆ – Սյունյաց իշխան
ՊԱՊԱՔ – Ձորափորի իշխան
ԹԵՆԻ – Ռուզանի դայակը
ՇԱՆՈՒՅՑ – Ռուզանի նաժիշտը
ԱՍՊՐԱՄ – Պալատական սպասուհի
ՍՈՒՐԻԿ – Ներսեհի հավատարիմը
ՋՈԼԱ – թաթարաց զորապետ
ԲՈՒՐԱ – ՆՈՒԻՆ – Ջոլայի եղբորորդին
ԱԲՈՒ – }
ԶԱՓԱՐ – } թիկնապահներ

Դահճապետ, հայ գուժկան, թաթար գուժկան, փախստյալ, Ա ծերունի, Բ ծերունի, պառավ կին:

Երգիչներ, երգչուհիներ, հյուրեր, ծառաներ, դահիճներ, կապյալներ, զորք և այլն:

1-ին, 2-րդ և 4-րդ արարվածները տեղի են ունենում Խոխանաբերդում, իսկ 3 - րդ և 5 – րդ արարվածները՝ թաթարաց բանակում:

Անցքը պատահում է 1238 թվին, Արցախի Խաչեն գավառում:

ԱՐԱՐՎԱԾ ԱՌԱՋԻՆ

ԱՌԱՋԻՆ ՊԱՏԿԵՐ

Ջալալ իշխանի պալատում սրբատաշ քարերից շինված մի սրահ կամարակապ առաստաղով, նեղ և սրածայր պատուհաններով, որոնք ագուցած են գույնզգույն ապակի - ներով: Սրահին ունի երկու հակադիր սրակամար դռներ: Պատերի մոտ դրված են հնատարազ աթոռակներ ու բազմոցներ, վերջինները ծածկված են մետաքսով:

Սրահի հատակը ծածկված է գորգերով:

ՏԵՍԻԼ Ա.

ԱՍՊՐԱՄ և ՍՈՒՐԻԿ

ԱՍՊՐԱՄ – Ինչո՞ւ համար ես հետաքրքրվում, Սուրիկ:

ՍՈՒՐԻԿ – Նրա համար, որ դու սովորություն չունես օրիորդ Ռուզանի կացարանը հաճախելու, իսկ վերջին օրերս բոլոր ժամանակդ այս սրահներում ես անցնում:

ԱՄՊՐԱՄ – Այդ դու արդեն նկատե՞լ ես:

ՍՈՒՐԻԿ – Ոչ միայն ես, այլև պալատի ծառաները:

ԱՄՊՐԱՄ. — Օ՜, այդ լավ չէ: Ես չէի կամենալ, որ իմ քայլերը ուրիշները դիտեին:

ՍՈՒՐԻԿ. — Գիտե՞ս, Ասպրամ, փասյաններն էլ ճիշտ քեզ նման են մտածում, գլուխները խրում են ձյունի մեջ և կարծում են թե՝ որսորդի աչքերից ծածկվեցին:

ԱՄՊՐԱՄ. — Էհ, ի՜նչ անենք: Կինը հո փասյանից ավելի չի կարող մտածել:

ՍՈՒՐԻԿ. — Ինչո՞ւ չէ, երբեմն սատանայից ավելի:

ԱՄՊՐԱՄ. — Սատանայից ավելի՞. այդ ե՞րբ է լինում:

ՍՈՒՐԻԿ. — Երբ կամենում է մի գաղտնիք զինքը սիրողից ծածկել:

ԱՄՊՐԱՄ. — Ես ոչինչ չեմ ծածկում քեզանից:

ՍՈՒՐԻԿ. — Ուրեմն ասա՛, ինչի՞ համար ես այդքան այս կողմերը հաճախում:

ԱՄՊՐԱՄ. — (*մտախոհ*) Ինչի՞ համար:

ՍՈՒՐԻԿ. — Հա՛, ինչու համար:

ԱՄՊՐԱՄ. — Գիտե՞ս, ի՞նչ կա: Կամենում եմ հարստացնել թե՛ քեզ և թե՛ ինձ:

ՍՈՒՐԻԿ. — Հարստացնե՞լ:

ԱՄՊՐԱՄ. — Այո:

ՍՈՒՐԻԿ. — Ինչպե՞ս. ոսկու հա՞նք ես գտել:

ԱՄՊՐԱՄ. — Պապաք իշխանն արել է ինձ մի հանձնարարություն, որը եթե հաջողությամբ վերջացնեմ, հարյուր ոսկի պիտի ստանամ:

ՍՈՒՐԻԿ. — Հարյուր ոսկի՜...

ԱՄՊՐԱՄ. — Այո՛, հարյուր ոսկի, մի դանկ ոչ ավել և ոչ պակաս:

ՍՈՒՐԻԿ. — Ի՞նչ հանձնարարություն է այդ:

ԱՄՊՐԱՄ. — (*զգուշությամբ այս ու այն կողմը նայելով*) Իշխանը պատվիրել է ինձ՝ աշխատել, ինչ միջոցով ուզում է լինի, գրավել օրիորդ Ռուզանի սիրտը դեպի Համտուն իշխանը:

ՍՈՒՐԻԿ. — Ինչու՞ համար:

ԱՄՊՐԱՄ. — Որպեսզի Համտունը խլե Ներսեհից նրա հարսնացուն:

ՍՈՒՐԻԿ. — (*զարմացած*) Ինչպե՞ս:

ԱՄՊՐԱՄ. — Հենց այնպես ինչպես արծիվը խլում է բազեից նրա որսը:

ՍՈՒՐԻԿ. — Հասկանում եմ. բայց դու ի՞նչ կարող ես անել. չէ որ Ռուզանը Ներսեհին է սիրում:

ԱՄՊՐԱՄ. — Այդ նշանակություն չունի. Ռուզանը Համտունին էլ կսիրե, եթե սրա օգտին աշխատող լինի: Չէ՞ որ աղջիկները լավին սիրում են՝ քանի դեռ լավագույնը չկա, բայց հենց որ սա հայտնվում է, լավին մոռանում են:

ՍՈՒՐԻԿ. — (*հեգնական ժպիտով*) Մի՞թե, ես այդ չգիտեի: Ուրեմն գործդ հաջողեցրել ես:

ԱՄՊՐԱՄ. — Այնքան, որ կարող եմ ոսկիները ստանալ:

ՍՈՒՐԻԿ. — Այդ մեծ բան է: Կնշանակե անձամբ խոսել ես Ռուզանի հետ:

ԱՄՊՐԱՄ. — Այո՛:

ՍՈՒՐԻԿ . — Ի՞նչ էիր խոսում:

ԱՄՊՐԱՄ. — Ինչ որ Պապաք իշխանը թելադրում է ինձ:

ՍՈՒՐԻԿ. — Օրինա՞կ:

ԱՄՊՐԱՄ. — Գովում էի շարունակ Համտուն իշխանին՝ հիշելով նրա բարեմասնությունները, հռչակված անունը, նրա զորությունը, քաջատոհմությունը, հարստությունը, խելքը, գեղեցկությունը: Պատմում էի առասպելներ Սյունյաց օրիորդների մասին, որոնք, իբր թե, խելագարվելու չափ սիրահարվել են Համտունին, բայց որոնց հպարտ իշխանը մերժել է սառնությամբ: Ի վերջո հայտնեցի թե՝ Համտունը սիրում է միայն գեղեցիկ Ռուզանին, որից եթե մերժվի, անապատը պիտի քաշվի կուսակրոնություն ընդունելու:

ՍՈՒՐԻԿ. — Եվ ի՞նչ օգուտ այդ զրույցներից:

ԱՄՊՐԱՄ. — Նախ այն՝ որ Ռուզանն այսպիսով կընտելանա այն մտքին թե՝ Ներսեհից զատ կա և մի ուրիշ արժանավոր իշխան, որ հետամուտ է յուր սիրույն: Երկրորդ՝ նա ինքն իրեն կսկսե համեմատություններ անել Ներսեհի և Համտունի մեջ և վերջինին ավելի գերազանց գտնելով՝ նրան էլ կընտրե փեսա:

ՍՈՒՐԻԿ. — Բայց չէ՞ որ մեծ իշխանը Ռուզանի ձեռքը Ներսեհին է խոստացել:

ԱՄՊՐԱՄ. — Այդ նշանակություն չունի: Հենց որ Համտունն իմացավ, թե Ռուզանի սրտում բացվել է յուր համար մի փոքրիկ անկյուն, նա իսկույն փոխել կտա մեծ իշխանի որոշումը:

ՍՈՒՐԻԿ. — Բայց բացվե՞լ է այդ անկյունը:

ԱՄՊՐԱՄ. — Արդեն:

ՍՈՒՐԻԿ. — Ի՞նչ ապացույց ունիս:

ԱՄՊՐԱՄ. — Ահա՛, թե ինչ: Ներսեհ իշխանի բացակայության պատճառը մինչև այսօր ծածկել են Ռուզանից՝ վախենալով թե՝ միգուցե նա անհանգստանա իմանալով, որ յուր փեսացուն գնացել է թաթարների դեմ կռվելու: Պապաք իշխանի խորհրդով ես օրիորդին հայտնեցի թե՛ Ներսեհ իշխանը Խոխանաբերդ չէ գալիս այն պատճառով, որ մեծ իշխանը մերժել է նրան յուր ձեռը: Օրիորդն այս նորությունը լսեց անտարբերությամբ:

ՍՐԻՐԻԿ. — Եվ առանց հուզվելո՞ւ:

ԱՄՊՐԱՄ. — Առանց հուզվելու:

ՍՈՒՐԻԿ. — Օ՛, այդ չափազանց է:

ԱՄՊՐԱՄ. — Հապա, ի՞նչ էիր կարծում: Այժմ իմացիր թե՝ ի՞նչ փայտից են լինում տաշած այդ իշխանուհիները:

ՍՈՒՐԻԿ. — Եթե այդպես է, ուրեմն ոսկիները կստանաս:

ԱՄՊՐԱՄ. — Իհարկե: Բայց եթե ստանամ, իսկույն պիտի պսակվինք, այնպես չէ՞ :

ՍՈՒՐԻԿ. — Անշուշտ: Հարյուր ոսկու հետ ո՞վ չի պսակվիլ:

ԱՄՊՐԱՄ. — Հարյուր ոսկո՞ւ և ո՞չ Ասպրամի հետ:

ՍՈՒՐԻԿ. — Այսինքն ուզում էի ասել՝ հարուստ Ասպրամի հետ:

ԱՄՊՐԱՄ. — (*ցուցամատով սպառնալով*) Հա, զգույշ կաց, խելոք խոսիր: Այժմ մնաս բարով, ես շտապում եմ. վաղը կրկին կտեսնվենք:

(*Դուրս է գնում*)

ՍՈՒՐԻԿ. — Երթաս բարով:

ՏԵՍԻԼ Բ

ՍՈՒՐԻԿ (*միայնակ*)

Վերջապես գաղտնիքը պարզվեցավ: Անպիտանը չէր ուզում հայտնել: Երևի խիստ են սաստել: Բայց ի՞նչ հիմարներն են. կարծես չգիտեն, որ կնոջ բերանում տաք ջուր չի մնալ: Եվ ումն են գործիք ընտրել. իմ Ասպրամին: Տատրակն ուզում են բազեով որսալ. լավ են սկսել, խոսք չունիմ. բայց տեսնենք ինչպես են վերջացնում:

ՏԵՍԻԼ Գ

ՍՈՒՐԻԿ եվ ՍՄԲԱՏ

ՍՄԲԱՏ. — (*մտնելով*) Դու այստե՞ղ, Սուրիկ:

ՍՈՒՐԻԿ. — Քո հրամանով, տեր:

ՍՄԲԱՏ. — Մի բան իմացա՞ր:

ՍՈՒՐԻԿ. — Ավելի քան սպասում էի:

ՍՄԲԱՏ. — Այսի՞նքն:

ՍՈՒՐԻԿ. — Քո գուշակությունը ճիշտ էր: Պապաքն ու Համտունը, արդարև, աշխատում են խլել իմ տիրոջ հարսնացուն:

ՍՄԲԱՏ. — Հաստա՞տ տեղեկացար:

ՍՈՒՐԻԿ. — Այնպես հաստատ, ինչպես որ հաստատ է այն, թե ես մի գլուխ ունիմ և ոչ երկու:

ՍՄԲԱՏ. — Ապրես իմ քաջ. ուրեմն դու կերթաս Ներսեհի ետնից:

ՍՈՒՐԻԿ. — Իմ նժույգը, տեր, սրընթաց է քամու պես, երկու ժամվա մեջ նա կհասցնե ինձ Մռավ:

ՍՄԲԱՏ. — Կպատրաստվես և կսպասես իմ հրամանին: Այժմ պատմիր ինձ քո լաձները: (*Կամենում է նստել, բայց մի ոտնաձայն գրավում է յուր ուշադրությունը*): Ո՞վ է գալիս այստեղ:

ՍՈՒՐԻԿ. — (*նայելով դռան կողմը*) Պապաք իշխանը՝ օրհորդի դայակի հետ:

ՍՄԲԱՏ. — Որ այդպես է, հեռանանք, մենք կխոսենք իմ սենյակում:

(*Դուրս են գալիս աջ դռնով*):

ՏԵՍԻԼ Դ

ԹԵՆԻ եվ ՊԱՊԱՔ

(*Ներս են մտնում ձախ դռնով*)

ԹԵՆԻ. — Այստեղ, Պապաք իշխան, կարող եմ մի փոքր հանգստանալ:

ՊԱՊԱՔ. — (*աթոռը մոտեցնելով*) Հրամմե,մայրԹենի,այս սրահի վերելքն, արդարև, շատ բարձր է:

ԹԵՆԻ. — Այո՛, ամեն անգամ երբ վերադառնում եմ եկեղեցուց, այս քարե սանդուղքները հոգնեցնում են ինձ: (*Մի փոքր հանգստանալուց հետո շարունակում է*): Հա, ա՛յն էի ասում. այդ միության ես դեմ եմ: Երբեք չէի կամենալ, որ իմ պահած ու պաշտած Ռուզանը այդ ձորոգետացուն գնար:

Ի՞նչ մեղքս ծածկեմ. ատելով ատում եմ Ներսեհ իշխանին:

ՊԱՊԱՔ. — Եվ իրավունք ունիս: Ասում են թե՝ դրա մայրը մեծ թշնամություն է արել քեզ:

ԹԵՆԻ. — Օ՛, և ի՛նչ թշնամություն. նա ուղղակի դժբախտացրեց ինձ: Լսե՞լ ես այդ պատմությունը:

ՊԱՊԱՔ. — Լսել եմ. ասում են աղջիկ ժամանակդ շատ գեղեցիկ ես եղել. այնպես որ Հանդաբերդի Վախթանգ իշխանը տեսնելով քեզ՝ հրապուրվել է քո գեղեցկությամբ և հետո նշանվել: Բայց նրա քույրը, որ այս Ներսեհի մայրն է եղել, չարախոսել է քո մասին, ասելով թե՝ Թենին տարիքով մեծ է և բարքով դաժան: Վախթանգը քրոջ զրպարտության հավատալով հրաժարվել է քեզնից:

ԹԵՆԻ. — Այո. և այդ չարաբաստիկ դեպքից հետո հայրս հիվանդացավ ու մեռավ: նա պատվասեր մարդ էր և չկարողացավ յուր դստեր անարգանքը տանել:

ՊԱՊԱՔ. — Երևակայում եմ թե՝ որքա՛ն կվշտանայիր:

ԹԵՆԻ. — Իմ վիշտն անսահման եղավ. որովհետև քիչ հետո մայրս էլ նույն բախտին հանդիպեց, սիրած ամուսնու մահը հարվածեց նրան ինչպես շանթ:

ՊԱՊԱՔ. — Օ՛, ի՛նչ դժբախտություն:

ԹԵՆԻ. — Այո՛, նա մեռավ թողնելով ինձ այս՝ *(ցույց տալով մատի վրա ունեցած մատանին)* իբրև միակ պաշտպան այս աշխարհի մեջ:

ՊԱՊԱՔ. — Այդ մատանի՞ն:

ԹԵՆԻ. — Այո:

ՊԱՊԱՔ. — Անշուշտ դա ունի թանկագին մի գոհար, որի արժեքը կարող է քեզ ապահովել:

ԹԵՆԻ. — Ոչ. նրա գոհարը չարժե ավելի՝ քան մի հատ երինջ, բայց նրա տակը պահված է զորավոր մահաթույն:

ՊԱՊԱՔ. — (*զարմացած*) Մահաթո՞ւյն:

ԹԵՆԻ. — Այո՛: Մայրս մեռնելուց առաջ տվավ ինձ այս՝ ասելով. — Թենի, քեզ այս աշխարհում թողնում եմ միայնակ: Եթե երբևիցե հանդիպես այնպիսի դժբախտության, որ մահը գերադաս համարես կյանքից, հանիր այս մատանու ակը և նրա տակ դրած թույնը ջրում լուծելով խմի՛ր. նա քեզ կբերե խաղաղ՝ բայց հավիտենական քուն:

ՊԱՊԱՔ. — Որպիսի՜ տարօրինակ կտակ:

ԹԵՆԻ. — Բայց և փրկարար: Քանի՛-քանի՛ անգամ ես կամեցել եմ դիմել այս քնաբեր մատանու օգնության:

ՊԱՊԱՔ. — Ի՜նչ տղայություն: Արժե՞ միթե այդ աստիճան ընկճվիլ չարության առաջ: Ընդհակառակը, պետք է աշխատել՝ պատժել հակառակորդին:

ԹԵՆԻ. — Օ՜, շատ կցանկանայի, բայց ի՞նչ կարող էի անել:

ՊԱՊԱՔ. — Այն, ինչ որ Ներսեհի մայրը քեզ արավ:

ԹԵՆԻ. — Այսի՞նքն:

ՊԱՊԱՔ. — Նրա շնորհիվ դու իշխանուհի լինելու փոխարեն՝ դարձել ես մի դայակ. հենց այդ պաշտոնիդ շնորհիվ դու կարող ես վրեժ լուծել քո թշնամուց:

ԹԵՆԻ. — Ինչպե՞ս:

ՊԱՊԱՔ. — Օգնելով ինձ՝ խանգարել Ներսեհի ամուսնությունը Ռուզանի հետ:

ԹԵՆԻ. — Օգնելով քե՞զ... Ուրեմն դու է՞լ դեմ ես այս միության:

ՊԱՊԱՔ. — Եվ ինչպե՞ս կարող եմ չլինել դեմ, քանի որ այդ միությունը պատճառ պիտի լինի իմ կործանման:

ԹԵՆԻ. — (*վախեցած*) Ինչպե՞ս:

ՊԱՊԱՔ. — Դու գիտես, որ յոթ երկար տարիներ ես գերի էի Թաթարստանում և միայն երկու տարի է, ինչ վերադարձել եմ մեր երկիրը:

ԹԵՆԻ. — Գիտեմ:

ՊԱՊԱՔ. — Իմ գերության միջոցին՝ Ներսեհի հայրը անիրավաբար խլել էր այրի մորս ձեռքից Ծոփափորի իմ կալվածները և մեռնելուց հետո թողել այն յուր որդուն՝ իբրև նրա սեփական ժառանգություն: Երբ ես վերադարձա՝ աշխատեցի համոզել Ներսեհին ճանաչել իմ իրավունքը և վերադարձնել ինձ և իմ կալվածները, բայց նա չլսեց և իմ խնդիրն ու բողոքը թողեց անուշադիր: Ինը տարի է՝ ինչ իմ տունը մի դանգ չէ ստացել այդ կալվածներից:

ԹԵՆԻ. — Իսկ այդ խնամությունը ի՞նչ կապ ունի քո զրկանքի հետ:

ՊԱՊԱՔ. — Իմ հույսը Ջալալ իշխանի վրա էր: Նա յուր ազդեցիկ միջնորդությամբ կարող էր վերադարձնել տալ ինձ իմ հայրենի ժառանգությունը: Բայց այժմ, երբ Ներսեհն առնում է Ռուզանին, Ջալալն այլևս չի ցանկանում յուր միջամտությամբ զրկանք պատճառել փեսային: Մյուս կողմից էլ Ներսեհն աներոջ զորության վրա վստահանալով՝ այսուհետև ավելի ևս համառությամբ պիտի դիմադրե ինձ: Այս պատճառով, ահա՛, ես դեմ եմ այդ միության:

ԹԵՆԻ. — Իրավունք ունիս. այս ամուսնությունը վնաս կբերե քեզ:

ՊԱՊԱՔ. — Բայց եթե դու ինձ օգնես, ես վնասից կազատվեմ, իսկ դու՝ քո ատելիից:

ԹԵՆԻ. — Ամենայն սիրով. բայց ի՞նչ կարող եմ անել:

ՊԱՊԱՔ. — Ահա՛ թե ինչ: Համտունը, ինչպես գիտես, եկել է Խոխանաբերդ Ռուզանի ձեռքը խնդրելու, բայց հայրը անպատճառ պիտի մերժե նրան, առարկելով, որ յուր դուստրը սիրում է Ներսեհին: Այս պատճառով, ահա՛, ես որոշեցի գործը կարգադրել այնպես, որ Ռուզանը ինքը ընտրե Համտունին իրեն փեսա: Եվ գործ դրած հնարներս հաջողվել են. Ռուզանի սիրտը այժմ գրավված է միայն Համտունով:

ԹԵՆԻ. — (*ընդհատելով Պապաքին*) Այդ մի ավետիք է, Պապաք իշխան. ո՞ւր էր թե Ներսեհը չէրնար այլևս այս ամրոցում: Բայց ես Ռուզանի մեջ փոփոխություն չեմ նկատել. միգուցե սխալվում ես:

ՊԱՊԱՔ. — Ռուզանը ծածկամիտ է և չէր բացվիլ քո առաջ. բայց ես ապահով եմ, որ հմտությամբ եմ գործել:

ԹԵՆԻ. — Ի՞նչ ես արել իսկապես:

ՊԱՊԱՔ. — Պատմությունը երկար է, հետո կզրուցեմ: Այժմ ինձ հարկավոր է քո շուտափույթ օգնությունը:

ԹԵՆԻ. — Այսի՞նքն:

ՊԱՊԱՔ. — Քանի դեռ Ջալալը բացակա է ամրոցից, անհրաժեշտ է, որ Համտունը տեսնվի Ռուզանի հետ և յուր առաջարկությունը անե նրան անձամբ: Համտունը պերճախոս է և կգրավե օրիորդին: Բավական է աղջկա կողմից համաձայնության մի բառ և իշխանն այնուհետև կխլե նրան յուր հորից. դրա համար Համտունն ունի օրինական իրավունք: Արդ դու մի հնարով բեր Ռուզանին այս սրահը և միջոց տուր նրան՝ պատահել Համտունին և խոսել նրա հետ...

ԹԵՆԻ. — (*ընդհատելով*) Իմ ներկայությա՞մբ այդ անկարելի է:

ՊԱՊԱՔ. — Քո ներկայությա՞մբ. Իհարկե ոչ. միթ՞ե ես թույլ կտամ, որ իշխանուհու դայակը պատասխանատվության ենթարկվի:

ԹԵՆԻ. — Հապա՞:

ՊԱՊԱՔ. — Հենց որ իշխանն ու օրիորդը կսկսեն խոսել, մենք մի պատրվակով կհեռանանք այստեղից:

ԹԵՆԻ. — Եթե այդպես է, կարող ես հուսալ ինձ վրա:

ԴԱԴԱՔ. — Բայց պետք է շտապես, որովհետև Համտունը շուտ պիտի գա այստեղ:

ԹԵՆԻ. — (*վեր կենալով տեղից*) Հենց հիմա կերթամ Ռուզանի մոտ և մի պատրվակով կբերեմ նրան այս կողմը: Բայց մինչև այն՝ իշխանը թող պատրաստ լինի այստեղ: (*Դուրս է գնում*):

ԴԱԴԱՔ. — (*ճանապարհ դնելով Թենիին*) Նա պատրաստ կլինի անշուշտ:

ՏԵՍԻԼ Ե

ԴԱԴԱՔ (*վերադառնալով*)

Այս էլ այսպես, ուրեմն հաջողվում է: (*Ձեռքերը գոհությամբ շփելով*): Այսուհետև Ներսեհը թող պինդ պահե յուր հարսնացուն: Իշխաններն, անշուշտ, կմեղադրեն ինձ, երբ իմանան, որ գործը խանգարվել է իմ ձեռքով: Բայց ինձ ի՞նչ: Ազնիվ կոչվելու համար ես հո չեմ կարող ցնցոտի հագնել կամ ծոմապահության վարժվիլ: Ես միջոց չունիմ, զեթ, հասարակ իշխանի վայել ապրուստ անելու, մինչ Ներսեհին իմ կալվածների եկամուտով բանակներ է կազմում և փառք ու հոչակ ստանալու համար թաթարաց դեմ արշավում: Կարո՞ղ եմ միթե այս անիրավությունը տանել:

ՏԵՍԻԼ Զ

ԹԵՆԻ, ՊԱՊԱՔ եվ ՍՄԲԱՏ

ՍՄԲԱՏ. — (*մտնելով*) Ողջույն, տյար Պապաք:

ՊԱՊԱՔ. — Ողջույն, իշխան:

ՍՄԲԱՏ. — Ես քեզ էի որոնում:

ՊԱՊԱՔ. — Ծառա եմ հրամանիդ:

ՍՄԲԱՏ. — Այս պալատում, բարեկամ, պատրաստվում է մի խռովություն, որի մեջ, կարծեմ, մատ ունիս և դու:

ՊԱՊԱՔ. — (*իբր զարմանալով*) Մի խռովություն, որի մեջ մատ ունիմ և ե՞ս:

ՍՄԲԱՏ. — Այո՛:

ՊԱՊԱՔ. — Ենթադրությանդ մեջ, Սմբատ իշխան, կարի համարձակ ես:

ՍՄԲԱՏ. — Ես համարձակ եմ լինում՝ երբ վտանգը տեսնում եմ վերահաս:

ՊԱՊԱՔ. — Քաջի պատասխան է, բայց ի՞նչ խռովության մասին է խոսքդ:

ՍՄԲԱՏ. — Այն, որ Համտունը պատրաստվում է հարուցանել:

ՊԱՊԱՔ. — Ես ոչինչ չգիտեմ:

ՍՄԲԱՏ. — Դու նրա խորհրդատուն ես և ոչինչ չգիտե՞ս:

ՊԱՊԱՔ. — Բարի գործի համար ես ամենքի խորհրդատուն եմ:

ՍՄԲԱՏ. — Բայց մի սիրահող միություն քանդելը մի՞թե բարի գործ է:

ԴԱԴԱՔ. — Միություն քանդե՞լը... Ոչինչ չեմ հասկանում, կարո՞ղ ես պարզ խոսել:

ՍՄԲԱՏ. — Ինչու՞ չէ, այդ իմ թուլությունն է:

ԴԱԴԱՔ. — Ուրե՞մն:

ՍՄԲԱՏ. — Հասան-Ջալալ-Դոլան յուր Ռուզան աղջիկը մի՞ մարդու հետ պիտի ամուսնացնե, թե՞ երկու:

ԴԱԴԱՔ. — Եթե քրիստոնյա է՝ մեկ:

ՍՄԲԱՏ. — Իսկ եթե կռապաշտ լինե՞ր:

ԴԱԴԱՔ. — Դարձյալ մեկ:

ՍՄԲԱՏ. — Արդ, ամենքին հայտնի է, որ նա յուր դուստրը խոստացել է Զորոգետի Ներսեհ իշխանին: Ինչո՞ւ ուրեմն Համտունը յուր երկիրը թողած՝ նստել է այստեղ և սպասում է Ջալալին՝ նրա աղջկա ձեռքը խնդրելու համար:

ԴԱԴԱՔ. — Ես Համտունի խնամակալը չեմ, իրենից հարցրու այդ:

ՍՄԲԱՏ. — Բայց Համտունը եկել է Խոխանաբերդ քո խորհրդով:

ԴԱԴԱՔ. — Ո՞վ ասաց քեզ այդ:

ՍՄԲԱՏ. — Նրանք, որ ուրիշի աամծովն են տեսնում, ոչինչ չեն տեսնում. ես վաղուց դիտում եմ քո քայլերը և հավատում եմ իմ աչքերին:

ԴԱԴԱՔ. — Քո աչքերը, բարեկամ, շատ վատ են ծառայում քեզ:

ՍՄԲԱՏ. — Ես կխլեմ նրանց, եթե կհաստատես թե՝ դու՛ չես այս բանում Համտունին դրդողը:

ԴԱԴԱՔ. — Ուրեմն խլիր, որովհետև Համտունին դրդողը ոչ թե Դադաքն է, այլ տոհմական օրենքը և յուր պատվասիրությունը: Ամենքին հայտնի է, որ իբրև Սյունյաց իշխանի, նրան կպատկանի Բագրատունյաց տոհմի աղջկա հետ ամուսնանալու առաջին իրավունքը: Եվ ահա նա եկել է այդ իրավունքին տիրանալու:

ՍՄԲԱՏ. — Եթե այդպես է, դու մի՛ խառնվիր գործին, իսկ ես կհամոզեմ Համտունին՝ զոհել այդ իրավունքը հասարակաց խաղաղության:

ԴԱԴԱՔ. — Համոզի՛ր, եթե կարող ես: Ես ուրախ կլինիմ, եթե նման կասկածներ հեռու լինին ինձնից: (*Նայելով լուսամուտին*) ի դեպ, ահա՛ իշխանը գալիս է այստեղ. փորձի՛ր խոսել հետը. աշխատիր ազդել վրան. ես առ ժամանակ միայնակ կթողնեմ ձեզ, որպեսզի հարկ եղածը բացատրեք նրան ազատորեն: Հետո կվերադառնամ, որ տեսնեմ՝ ի՞նչ եք շահել: (*Առանձին*): Թող խոսե ինչ կամենում է: Ես Համտունի սրտում այնպիսի թույն եմ կաթեցրել՝ որ սրա դեղթափը չի ազատիլ նրան: Թող սա այստեղ խոսե, իսկ ես կաշխատեմ գործը կարգադրելու:

(*Դուրս է գնում*)

ՏԵՍԻԼ Է

ՍՄԲԱՏ (*միայնակ*)

Շահը, անձնական շահը... Ամենքի աչքերն էլ դրանով են կուրացած: Ո՞վ է մտածում ժողովրդի համար. ո՞ւմ հոգն է թե՝ թշնամին նստած է երկրի սրտում, թե նրա հրոսակները ավերում են հայ գյուղերը: Վայ մեզ, սրանք են, ուրեմն, մեր երկրի պետերը, ժողովրդի պաշտպանները... փոխանակ միանալու և թշնամուն դիմադրելու՝ օրն ի բուն իրար ոտքի տակն են փորում:

ՏԵՍԻԼ Ը

ՍՄԲԱՏ եվ ՀԱՄՏՈՒՆ

ՀԱՄՏՈՒՆ. — (*մտնելով*) Ողջույն, իշխան. ների՛ր, որ խանգարում եմ քո մենավոր մտածությունները:

ՍՄԲԱՏ. — Շնո՛րհ արա, տե՛ր Համտուն, ավելի լավ է քեզ հետ խոսակցել, քան միայնակ մտորել:

ՀԱՄՏՈՒՆ. — Այո՛, միայնությունը վատ է ազդում և ի՛նձ վրա. մանավանդ այս ամրոցում, ուր, կարծես, ինձ համար դարբնվում է մի դժբախտություն: Չգիտեմ ինչո՞ւ, ինձ այնպես է թվում թե՝ այս կամարները պիտի փլչեն իմ գլխին: Կարծես մինը շարունակ, արդյոք չար ոգի՞, թե՞ պահապան հրեշտակ՝ շշնջում է իմ ականջում թե՝ հեռացիր այս սրահներից, այստեղ ոչ մի բարիք չէ սպասում քեզ:

ՍՄԲԱՏ. — Բայց դու գտնվում ես մեր ամենից բարի և ամենից առաքինի իշխանի հարկի տակ:

ՀԱՄՏՈՒՆ. — Այդ ես գիտեմ, իմ կասկածը դրա մասին չէ. ինձ անհանգստացնում է քո երեկվա գուշակությունը:

ՍՄԲԱՏ. — Այն որ ասացի թե՝ իշխանը կմերժե՞ քեզ:

ՀԱՄՏՈՒՆ. — Այո՛: Եվ ինձ այժմ տանջում է ոչ միայն այն միտքը, թե չի պիտի կարենամ նպատակիս հասնել, այլև այն թե՝ ի՞նչ մեծ զանձ եմ կորցրել իմ անհոգության շնորհիվ:

ՍՄԲԱՏ. — Իշխան, իզուր ես մտածում կորստյան մասին ա՛յն զանձի, որն երբեք չես ունեցել:

ՀԱՄՏՈՒՆ. — Չեմ կարող չմտածել: Ես նմանում եմ ա՛յն անհոգ կալվածատիրոջ, որ յուր գետինը մի չնչին վաճառել է դրացուն, իսկ սա այդ գետնում գտել է ոսկու հանք: Քանի դեռ իմ երերումն էի, գիտեի որ Ջալալ-Տոլան ունի մի աղջիկ, որ գեղեցիկ է և որի հետ ամուսնանալու տոհմական իրավունք ունիմ ես: Այն ժամանակ, արդարև, չէի մտածում այդ աղջկա վրա: Բայց բարի մարդիկ նախանձ զրգռեցին իմ մեջ: Այդ նախանձն այժմ տոչորում է ինձ:

ՍՄԲԱՏ. — Մարդիկ ասացիր: Մի՞թե Պապաք իշխանից զատ մի ուրի՞շն էլ խոսել է քեզ Ռուզանի մասին:

ՀԱՄՏՈՒՆ. — Պապաք իշխանի՞ց... դու ուրեմն գիտե՞ս այդ մարդու անունը:

ՍՄԲԱՏ. — Գիտեի ավելի վաղ, քան ինքը կկարծեր:

ՀԱՄՏՈՒՆ. — Այո, բարեկամ, այդ Պապաքն էր, որ իմ իշխանական պատվասիրությունը զրգռեց: Նրա խորհրդով ես եկա մրցելու Ներսեհ իշխանի հետ, բայց շուտով էլ պատժվեցա: Իշխանական սին փառասիրությունը տեղի է տվել այժմ իմ մեջ սիրո տանջանքների:

ՍՄԲԱՏ. — Թույլ կտա՞ս ինձ՝ ազատել քեզ այդ տանջանքներից:

ՀԱՄՏՈՒՆ. — Օ՛, և ինչպիսի՛ շնորհակալությամբ կընդունեմ այդ օգնությունը: Պատրաստ եմ իմ երկրի ամենից բերրի գավառը նվիրել քեզ, միայն թե ասա՝ ինչո՞վ կարող ես օգնել ինձ:

ՍՄԲԱՏ. — Մի բարի խորհրդով:

ՀԱՄՏՈՒՆ. — Իսկ այդ խորհո՞ւրդը:

ՍՄԲԱՏ. — Հեռացիր այստեղից և մոռացիր այս խաչենցի օրիորդին:

ՀԱՄՏՈՒՆ. — *(հուսահատաբար)* Հեռանա՞լ այստեղից... օ՜, եթե միայն կարենայի, եթե ոտքերս հպատակվեին ինձ...

ՍՄԲԱՏ. — Քո սյունեցի նժույգը մի օրվա մեջ կարող է վերադարձնել քեզ քո երկիրը:

ՀԱՄՏՈՒՆ. — Իհարկե, նա իմ մարմինը կտանե, բայց հոգիս կմնա այստեղ. Հասան-Ջալալի աղջկան ես չեմ կարող մոռանալ:

ՍՄԲԱՏ. — Ով որ հեռանում է, նա էլ մոռանում է. լսի՛ր բարեկամիդ, որ խոսում է անկեղծությամբ:

ՀԱՄՏՈՒՆ. — Հավատում եմ քեզ, իմ բարի իշխան, բայց հեռանալ չեմ կարող:

ՍՄԲԱՏ. — Քո վիճակն ավելի կվատթարանա՝ եթե Ներսեհը վերադառնա այստեղ:

ՀԱՄՏՈՒՆ. — Գիտեմ: Նախանձը, որ այժմ իմ սրտում վառվում է իբրև զոհի հուր, այն ժամանակ կբորբոքի ինչպես մի հրդեհ:

ՍՄԲԱՏ. — Բավական չէ նախանձը: Կծագեն, նաև ուրիշ գժտություններ:

ՀԱՄՏՈՒՆ. — Գժտություններից չեմ վախենում, նույնիսկ եթե բոլորը զինվեն իմ դեմ. միայն թե նա՛ ... նա՛ լիներ ինձ հետ:

ՍՄԲԱՏ. — Ո՞վ, օրիո՞րդը:

ՀԱՄՏՈՒՆ. — Այո՛, իմ սրտի իշխանուհին...

ՍՄԲԱՏ. — Նա Ներսեհին է սիրում.

ՀԱՄՏՈՒՆ. — (*հանկարծ հուզվելով*) Մի՛ ասիր այդ,

Սմբատ իշխան, այս ամրոցը ես կկործանեմ միայն այդ խոսքը չլսելու համար:

ՍՄԲԱՏ. — (*զգաստանալով և ինքն իրեն*) Սա կատակ չէ անում, ես իզուր եմ խոսում: (*Համտունին*) Ուրեմն ի՞նչ ես մտադիր անելու:

ՀԱՄՏՈՒՆ. — Չգիտեմ, շփոթված եմ: Ես եկա այստեղ Պապաքի հետ խոսելու, նա է կապել այս հանգույցը, նա ինքն էլ պիտի լուծե: Չգիտե՞ս ուր է նա:

ՍՄԲԱՏ. — Քիչ առաջ այստեղ էր և խոստացավ վերադառնալ:

ՀԱՄՏՈՒՆ. — Կխոսեմ նրա հետ առանձին:

ՍՄԲԱՏ. — Եթե այդպես է, ուրեմն չեմ խանգարիլ ձեզ: Խոսեցեք, ինչ կամենում եք: Միայն թե դու, ազնիվ իշխան, մի՛ մոռանար իմ խորհուրդը: Եթե քո սերն ու իրավունքը կարող ես զոհել հասարակաց բարվույն, ապա զոհիր քաջությամբ, և ամեն բերան կօրհնե քեզ սրտագին:

ՀԱՄՏՈՒՆ. — Կաշխատեմ, Սմբատ իշխան, ստանալ քո սիրտն ու զգացմունքը: Բայց եթե իմ ջանքն ապարդյուն անցնե և խեյքը սրտիս վրա իշխել չկարենա՞...

ՍՄԲԱՏ. — Այն ժամանակ, իհարկե, կհաշտվիմ այն մտքի հետ թե՝ մարդը հրեշտակ չէ... թող աստված օգնե քո ջանքերին: Պետք է շտապել ճամփել Սուրիկին:

(*Արագ դուրս է գնում*)

ՏԵՍԻԼ Թ

ՀԱՄՏՈՒՆ (*միայնակ*)

Ի՞նչ տարօրինակ զգացմունք է այս: (*Ձեռքը դնելով սրտին*)։ Ի՞նչ կա այստեղ, ինչո՞ւ չէ հանգստանում... Արդյոք մի աներևույթ ձեռք սեղմե՞լ է սրան յուր բռան մեջ, թե սեգ իշխանուհու աչքերն են հարվածել: Եվ ի՞նչ. մի՞թե սա է սերը... Օ՜, ոչ, սերը երկնքից է իջնում. նրան աստված է վառում. իսկ այստեղ հրդեհում է մի դժոխք, որ դևերը կարող են բորբոքել...

ՏԵՍԻԼ Ժ

ՀԱՄՏՈՒՆ եվ ՊԱՊԱՔ

ՊԱՊԱՔ. — (*մտնելով*) Ի՞նչ է պատահել քեզ, իշխան, դու այսօր ավելի տխուր ես, քան երբևիցե տեսել եմ քեզ:

ՀԱՄՏՈՒՆ. — Հույսս արդեն հատել է. ինձ թվում է թե՝ երկար և ապարդյուն սպասեցի: Մնում է միայն հեռանալ:

ՊԱՊԱՔ. — Բայց մեր գործն արդեն հաջողվելու վրա՛ է:

ՀԱՄՏՈՒՆ. — Դու այդ միշտ ես ասում. ո՞ւր է ապա հաջողությունը:

ՊԱՊԱՔ. — Ամեն ինչ վերջացած է. մի քանի վայրկյանից Ռուզանն յուր դայակի հետ կգա այս սրահը:

ՀԱՄՏՈՒՆ. — Հետո՞:

ՊԱՊԱՔ. — Դու կներկայանաս նրան և քո առաջարկը կանես:

ՀԱՄՏՈՒՆ. — Բայց օրիորդը... կհոժարի՞ արդյոք լսել ինձ:

ՊԱՊԱՔ: — Անհոգ եղիր. նախապատրաստ է այնքան, որ կարող է լսել:

ՀԱՄՏՈՒՆ. — Քո հնարագիտությունը, Պապաք իշխան, հիացնում է ինձ:

ՊԱՊԱՔ. — Աստծո տված շնորհից պետք է միշտ օգտվել:

ՀԱՄՏՈՒՆ. — Շնորհակալ եմ, բարեկամ: Հենց ա՛յն միջոցին, որ հուսահատությունը ճնշում է իմ հոգին, դա նրան կազդուրում ես նորից: Եթե քո ջանքերը հաջողությամբ իսկ չպսակվին, այսուամենայնիվ, ես միշտ երախտապարտ պիտի մնամ քեզ:

ՊԱՊԱՔ. — Բարեկամական պարտքիցս ավելի ոչինչ չեմ արել:

ՏԵՍԻԼ ԺԱ

ՀԱՄՏՈՒՆ, ՊԱՊԱՔ և ԱՍՊՐԱՄ

ԱՍՊՐԱՄ. — (*մտնելով՝ հայտնում է Պապաքին իբր*

զգուշանալով) Իշխան, պատրաստվեցեք, մայր Թենին և Ռուզանը գալիս են այստեղ:

ԴԱԴԱՔ. — Հա՞, շատ բարի, ուրեմն ես կդիմավորեմ օրիորդին, իսկ դու մտածիր թե՝ ի՞նչ պիտի խոսիս հետը: Իմ կարծիքով ազատ ու անկեղծ խոսիլը ավելի լավ է:

ՀԱՄՏՈՒՆ. — Գնա՛, դիմավորի՛ր. խոսելու համար կարիք չունիմ պատրաստվելու:

ԴԱԴԱՔ. — Բարի:

(*Դուրս է գնում*) :

ՏԵՍԻԼ ԺԲ

ՀԱՄՏՈՒՆ (*միայնակ*)

Բախտը, ուրեմն, դեռ երեսը չէ դարձրել ինձանից, դեռ կարելի է հուսալ: Նախազգացումը, կարծես, շշնջում է իմ ականջնին թե՝ նա իմը պիտի լինի: Օ՛, եթե այդ ճիշտ լիներ, եթե նա կարողանար ինձ սիրել, ինձ մտերմանալ և յուր սիրտն ու բախտը իմ ձեռքը հանձնել...

ՏԵՍԻԼ ԺԳ

ԴԱԴԱՔ, ՌՈԻԶԱՆ եվ ԹԵՆԻ

ԴԱԴԱՔ. — (*մտնելով Ռազանի հետ*) Այո՛, իշխանուհի, հենց իսկույն կամենում էի բարձրանալ քո դստիկոնը և խնդրել իշխանի կողմից՝ (*ցույց տալով Համտունի վրա*), որ հաճեիր թույլ տալ իրեն՝ ներկայանալ քեզ:

ՌՈԻԶԱՆ. — Ուրախ եմ, որ այդ նեղությունը չեմ պատճառել քեզ: (*Համտունին դառնալով*): Ինչո՞վ կարող եմ ծառայել իշխանին:

ԴԱԴԱՔ. — Տյար Համտունը, կարծեմ, կարիք ունի քո խորհրդին:

ՀԱՄՏՈԻՆ. — (*Ռուզանին*) Եթե մեծաշուք օրիորդը կհաճի նվիրել ինձ մի քանի վայրկյա՞ն...

ՌՈԻԶԱՆ. — Բարի խորհրդի համար պատրաստ եմ զոհել մի ժամ:

ԹԵՆԻ. — Իսկ ես, դստրիկս, մինչև դուք կխոսեք, կիջնեմ մատուռ մի փոքր աղոթելու... (*Դապաքին*): Դապաք իշխան, կարո՞ղ ես ինձ օգնել:

ԴԱԴԱՔ. — Սանդուղքներից իջնելո՞ւ, ամենայն սիրով: Ով որ հաճախ չէ աղոթում՝ նա պետք է մի բանով ծառայե աղոթողներին, որպեսզի նրանց աղոթքից շահվի և ինքը, տուր ինձ քո ձեռքը, մայր Թենի:

(*Թենիի թևն առնելով՝ դուրս են գալիս*):

ՏԵՍԻԼ ԺԴ

ՀԱՄՏՈՒՆ եվ ՌՈՒԶԱՆ

ՌՈՒԶԱՆ. — (*Թենիի ետևից նայելով*) Բարեպա՜շտ կին: Օրը քանի՜ անգամ է սա մատուռ իջնում աղոթելու:

ՀԱՄՏՈՒՆ. — Երջանիկ է, ով հանգիստ խիղճ ունի և կարող է աղոթել:

ՌՈՒԶԱՆ. — Այո՜ , իմ դայակը բախտավոր է այդ կողմից: Բայց... ներողություն, ես իշխանի այցելության պատճառը չհարցրի:

ՀԱՄՏՈՒՆ. — Իմ այցելության պատճառը, ազնիվ օրիորդ, է իրավունքի մի բռնաբարումն, որի համար եկել եմ պաշտպանություն խնդրել քեզանից:

ՌՈՒԶԱՆ. — Իրավունքի բռնաբարո՞ւմ... տարօրինակ դարձված է այդ, տյա՛ր Համտուն: Եթե իրավունքը Սյունյաց իշխանինն է և բռնաբարողը նրանից հզոր մեկը, ապա դժվար թե մի կին կարողանա պաշտպանել քեզ:

ՀԱՄՏՈՒՆ. — Ազնիվ օրիորդ, գործ դրված բռնությունը զորություն է ստացել քո համաձայնությամբ: Եթե այդ համաձայնությունը դու վերապահես քեզ, այն ժամանակ բռնությունը կթուլանա ինքնիրեն:

ՌՈՒԶԱՆ. — (*հուզվելով*) Իշխան, ես իմ կյանքում չեմ քաջալերել ոչ մի անիրավ գործ:

ՀԱՄՏՈՒՆ. — Դու իսկապես չես մտածել քաջալերել մի անիրավություն: Բայց համաձայնվելով երջանկացնել մինին՝ զրկել ես բախտից մի ուրիշին:

ՌՈՒԶԱՆ . — Քո խորհրդավոր խոսքերը չեմ հասկանում, իշխան, հաճիր պարզ խոսել:

ՀԱՄՏՈՒՆ. — Թույլ կտա՞ս ինձ անկեղծ լինել:

ՌՈՒԶԱՆ. — Կխնդրեմ... թաքչող ճշմարտության արժեքը ստությունից ավելի չէ, ազնիվ մարդը չպետք է կեղծի:

ՀԱՄՏՈՒՆ. — Ուրեմն ես կխոսեմ քեզ հետ ինչպես իմ...

ՌՈՒԶԱՆ. — (*ընդհատելով*) Ինչպես քո քրոջ հետ:

ՀԱՄՏՈՒՆ. — Իշխանուհի, դու ինձ հրամայում ես անկեղծ լինել, բայց կաշկանդում ես իմ լեզուն:

ՌՈՒԶԱՆ. — Ինձ զարմացնում է քո վարանումը, իշխան. եթե չես կարող ազատորեն խոսել, ապա լավ է որ չխոսես. ես սովոր չեմ լսել այն, ինչ մարդիկ վախենալով են արտասանում:

ՀԱՄՏՈՒՆ. — Վախենալու և ակնածելու մեջ տարբերություն կա, օրիորդ, կատաղած առյուծի ժանիքները ինձ չեն վախեցնիլ. բայց քո հայացքը պատկառանք է ազդում:

ՌՈՒԶԱՆ. — Չկա աշխարհում մի ճշմարտություն, որն ազնիվ մարդն ամաչեր հայտնել: Խոսի՛ր այնպես ազատ, ինչպես վայել է մի ազատ իշխանի:

ՀԱՄՏՈՒՆ. — Բարի, ուրեմն, կխոսեմ: (*Մի փոքր մտածելուց հետո*): Դու գիտես, օրիորդ, որ մեր և ձեր իշխանական տների մեջ կա՛ն ավանդական սովորություններ, որոնք հարգվել են մեր արժանավոր նախահայրերից և որոնք պտի հարգվեն նրանց հետնորդներից:

ՌՈՒԶԱՆ. — Անշուշտ այդպիսի սովորություններ կան:

ՀԱՄՏՈՒՆ. — Դրանցից մինը այն է՝ որ Բագրատունյաց

ցեղի աղջիկը Սյունյաց տոհմին էր հարսնանում, իսկ Սյունյաց օրիորդը՝ Բագրատունյաց տանը:

ՌՈՒԶԱՆ. — Գիտեմ. նույնիսկ հայրս, որ Բագրատունյաց ցեղի իշխան էր, Սյունյաց Գրիգոր իշխանի դստեր հետ ամուսնացավ: Բայց ինչի՞ համար են այդ հիշողությունները:

ՀԱՄՏՈՒՆ. — Ջալալ մեծ իշխանի աղջիկը, օրիորդ, Սյունյաց տան հարսը պիտի լիներ, բայց որի՞ն են նրա համար փեսացու ընտրել:

ՌՈՒԶԱՆ. — Իմ մասի՞ն է քո խոսքը:

ՀԱՄՏՈՒՆ. — Այո օրիորդ. Սյունյաց իշխանը տոհմական իրավունք ունի քեզ յուր հարսնացուն անվանելու:

ՌՈՒԶԱՆ. — Իրավո՞ւնք, տե՛ր աստված, իրավո՞ւնքն է ուրեմն ամուսնության շաղկապը:

ՀԱՄՏՈՒՆ. — Ոչ, իշխանուհի. ամենից առաջ՝ սրբազան սերը: Բայց երբ այդ սիրով լցված ազնիվ սիրտը մերժվում և արհամարհվում է, այն ժամանակ, արդեն, երևան է գալիս իրավունքի խնդիրը:

ՌՈՒԶԱՆ. — Եվ ո՞վ է իրավատերը:

ՀԱՄՏՈՒՆ. — Ես, որ միևնույն ժամանակ քո երկրպագուն եմ և ստրուկը:

ՌՈՒԶԱՆ. — Երկրպագիր միայն Կատարյալին. իսկ ստրկությունը անարգ արհեստ է: (*Վսեմությամբ*): Քեզ վրա, Համտուն իշխան, ավելի մեծ համարում ունեի:

ՀԱՄՏՈՒՆ. — Այդ համարումը չպետք է նվազի. որովհետև, անարգ մարդը չէր կարող քեզ պաշտել, որովհետև...

ՌՈՒԶԱՆ. — (*ընդհատելով*) Որպեսզի չնվազի, թույլ տուր, որ քո սիրո մասին ուրիշ բացատրություններ չլսեմ:

ՀԱՄՏՈՒՆ. — Իշխանուհի, թող որ խոսիմ, թող որ առ քեզ տածած իմ զգացմունքըն արտահայտեմ, թող որ ասեմ թե՝ սիրում եմ քեզ...

ՌՈՒԶԱՆ. — (*տեղից վեր կենալով*) Իշխա՛ն, ների՛ր, որ ավելին չեմ կարող լսել: Գուցե իմ ընտանեկան կրթությունը, կամ կանացի երկչոտությունս է պատճառ, որ Սյունյաց իշխանի սիրո խոստովանությունը դողալով եմ լսում. բայց այդ այդպես է: Իմ ապագա բախտի տնօրինության իրավունքն իմ սիրելի ծնողներին է պատկանում. ես հնազանդում եմ նրանց հրամանին՝ ինչպես երկնառաք պատգամի. հետևապես ինքս իմ մասին որոշում անել չեմ կարող:

ՀԱՄՏՈՒՆ. — Բայց եթե քո հայրը ցանկանա յուր ընտրությամբ քեզ դժբախտացնել, միթե ոչ մի բողոք չի՞ պիտի բառնաս նրա դեմ:

ՌՈՒԶԱՆ. — Ես հավատում եմ իմ հոր առ իս ունեցած սիրույն, ուստի և իմ ապագայի վերաբերմամբ նրա փորձառությունն ու հեռատեսությունն ավելի գին ունի իմ աչքում, քան իմ անփորձ զգացմունքները... Թող որ այս խնդրի մասին վերջինը լինի մեր տեսակցությունը: (*Վայելչաբար գլուխ տալով՝ շուռ է գալիս դեպի դուռը*):

ՀԱՄՏՈՒՆ. — Օրիորդ, դարձյալ մի խոսք:

ՌՈՒԶԱՆ. — (*կես դեպի ետ դառնալով*) Ազնիվ իշխան, ես բոլորը ասացի:

(*Դուրս է գնում*):

ՏԵՍԻԼ ԺԵ

ՀԱՄՏՈՐԻՆ, հետո ՊԱՊԱՔ

ՀԱՄՏՈՐԻՆ. — (*միայնակ և զայրացած*) Ի՞նչ, ուրեմն, նա ինձ մերժում է. նա, մինչև անգամ, չէ կամենում ինձ լսե՞լ... այս արդեն չափազանց է. ստորանալ մինչև այս աստիճան... (*Դառնալով Պապաքին, որ այդ րոպեին մտնում է*)։ Պապաք իշխան, նա ինձ մերժեց, ես անպատված եմ։

ՊԱՊԱՔ. — Հանգիստ եղիր. ես բոլորը լսեցի. նա չմերժեց քեզ։

ՀԱՄՏՈՐԻՆ. — (*շփոթված*) Ինչպե՞ս, ուրեմն ես... ի՞նչ, շփոթված էի... կամ գուցե լավ չլսեցի... բայց նա բացեիբաց մերժեց։

ՊԱՊԱՔ. — Ո՛չ, նա մերժման համար ոչ մի խոսք չասաց, այլ առարկեց թե ինքն յուր հոր հլու հպատակն է, այդ կնշանակե թե՝ հայրս հրամայում է ինձ Ներսեհին զնալ, զնում եմ, կհրամայե քե՞զ հետ ամուսնանալ, քեզ հետ կամուսնանամ։ Հասկացա՞ր։

ՀԱՄՏՈՐԻՆ. — (*բարկանալով*) Է՛հ, ի՛նչ ես դու քեզանից ենթադրություններ անում։

ՊԱՊԱՔ. — Ենթադրություն չէ, այլ իսկություն։ Օրիորդը քեզ հետ համակրությամբ խոսեց. նա, մինչև անգամ, շեշտեց թե՝ հոր հրամանը գերադասում է յուր զգացմունքներին, հասկանո՞ւմ ես. այդ կնշանակե թե՝ նա զգացմունքներ էլ ունի քեզ համար, բայց, իբրև պարկեշտ աղջիկ, ծածկում է յուր հորից։ Նա ասաց թե՝ ինքն իրավունք չունի ինքնակամ յուր բախտը տնօրինելու և թե այդ դեպքում՝ հնազանդում է հոր հրամանին՝ ինչպես երկնառաք պատգամի:

ՀԱՄՏՈՒԻՆ. — Այո, այդպիսի մի բան ասաց:

ԴԱԴԱՔ. — Իհարկե, ասաց. դու հուզված էիր և ամեն բան չլսեցիր: Երբ մարդու կիրքն ելնում է՝ ականջներն այլևս չեն ծառայում նրան: Դու չպետք է քեզ այդպես շուտ կորցնեիր:

ՀԱՄՏՈՒԻՆ. — Օ՛, այդ աղջկա հայացքը կշփոթեցնե ամենից սառնարյուն մարդուն: Յոթանասնամյա ծերունին, անգամ, կկորցնե նրա առաջ յուր փորձառու իմաստությունը:

ԴԱԴԱՔ. — Եվ, ահա՛, հենց այդպիսի գանձը չպետք է ձեռքից հանել:

ՀԱՄՏՈՒԻՆ. — (*հառաչելով*) Ավա՛ղ, նա արդեն ելած է իմ ձեռքից:

ԴԱԴԱՔ. — Ո՛չ, ասում եմ քեզ. բոլոր նրա. խոսածներից ես ա՛յն հետևցրի թե՝ նա մի զոհ է կամակոր հոր ձեռքում. թե նա ճնշված է ծնողական հրամանի տակ. այս դեպքում, մինչև անգամ, պետք է կարեկցել և պաշտպանել նրան:

ՀԱՄՏՈՒԻՆ. — Բայց եթե դու սխալվո՞ւմ ես:

ԴԱԴԱՔ. — Չեմ սխալվում բոլորովին: Եթե օրիորդը քեզ չհամակրեր, ապա նա չէր գալ քեզ հետ տեսակցելու:

ՀԱՄՏՈՒԻՆ. — (*մտախոհ*) Այո՛, այդ ճիշտ է... բայց չէ՞ որ նա չկամեցավ մինչև վերջն ինձ լսել:

ԴԱԴԱՔ. — Նա վեր կացավ տեղից, հենց որ դու ասացիր թե՝ «սիրում եմ քեզ»:

ՀԱՄՏՈՒԻՆ. — Այո:

ԴԱԴԱՔ. — Եվ ավելացրեց թե՝ «ների՛ր, որ քո սիրո խոստովանությունը դողալով եմ լսում»:

ՀԱՄՏՈՒԻՆ. — Ճիշտ որ այդպես ասաց:

ՊԱՊԱՔ. — Եվ ապա բացատրեց թե դրա պատճառը յուր ընտանեկան կրթությունը և կանացի երկչոտությունն է...

ՀԱՄՏՈՒՆ. — Օ՛, ի՛նչ լավ հիշում ես: Իրավ որ այդ ամենը ես լսեցի:

ՊԱՊԱՔ. — Ուրեմն էլ ուրիշ ի՞նչ կարող էր ասել մի իշխանազուն օրիորդ, որ առաջին անգամն էր սիրո խոստովանություն լսում:

ՀԱՄՏՈՒՆ. — Եթե այդ բոլորը ճիշտ է, Պապաք իշխան, ուրեմն այս ամրոցից ես չեմ հեռանալ:

ՊԱՊԱՔ. — Այո՛, չի պիտի հեռանաս և պիտի պնդես քո իրավունքների վրա:

ՀԱՄՏՈՒՆ. — Կպնդեմ. և, եթե հարկ լինի՝ նույնիսկ կռվի կելնեմ Ներսեհ իշխանի դեմ: Թող կամ նա՛ ինձ ոչնչացնե, և կամ ե՛ս նրան: Մեզանից ով որ կենդանի կմնա, թող նա էլ ժառանգե այս գեղեցկուհուն:

ՊԱՊԱՔ. — Տո՛ւր ձեռդ սեղմեմ, այր մարդու վճիռ է:

ՀԱՄՏՈՒՆ. — (*աջը պարզելով*) Սեղմի՛ր և եղի՛ր իմ վկան:

Վարագույր

ԵՐԿՐՈՐԴ ՊԱՏԿԵՐ

Ջալալ իշխանի հանդիսավոր ընդունելության

ընդարձակ և սյունազարդ դահլիճը՝ քանդակազարդ պատերով և առաստաղով, սրակամար պատուհաններով և ոսկեզօծ դռներով: Սյուների վրա կախված են հնատարազ զենքեր ու դրոշակներ, պատերի տակ շարված՝ թավշապատ բազմոցներ:

ՏԵՍԻԼ Ա

ՋԱԼԱԼ եվ ՌՈՒԶԱՆ

(*Ներս մտնելով — միմյանց թևանցուկ. ՌՈՒԶԱՆ թաշկինակն աչքերին*)

ՋԱԼԱԼ. — Հանդարտի՛ր, զավակս, հանդարտի՛ր: Քեզ արդեն ասացի, որ ես մաս չունիմ այդ գործում: Համտունն այցելել է քեզ առանց իմ գիտության. նա օգուտ է քաղել իմ բացակայությունից:

ՌՈՒԶԱՆ. — Ինձ վշտացնողը, հայր իմ, Համտունի այցելությունը չէ, այլ այն լուրը, որ պտտվում է ամրոցի կանանց բերանում: Ամեն անկյունում այդ մասին են խոսում:

ՋԱԼԱԼ. — Այդ լուրը հնարված է. ես քո ձեռը չեմ մերժել Ներսեհին:

ՌՈՒԶԱՆ. — (*խնդագին*) Ինչպե՞ս, դու չես մերժել նրան... ո՛հ, ասա՛, հայր իմ. ես կամենում եմ նորից լսել այդ:

ՋԱԼԱԼ. — Այո՛, զավակս, չեմ մերժել և ոչ իսկ մերժել կարող էի. Ներսեհը վաղուց սահմանված է քեզ համար:

ՌՈՒԶԱՆ. — (*ուրախացած*) Ա՛հ, որքա՛ն բարի ես, հայր իմ... (*Համբուրում է հոր ձեռքը*): Բայց ինչո՞ւ Ներսեհն այլևս չէ հաճախում այստեղ, տասն օրեն ավելի է՝ ինչ չեմ տեսել նրան:

ԶԱԼԱԼ. — (*նստելով աթոռի վրա և յուր մոտ նստեցնելով Ռուզանին*) Լսի՛ր դուստրս և ամեն բան կիմանաս: (*Ինքն իրեն*): Պետք է վերջապես ծանոթացնել սրան բուն ճշմարտությանը: (*Դառնալով Ռուզանին*) Բավական ժամանակ է, սիրելի Ռուզանս, ինչ հրամանով, ո՛չ մի անախորժ լուր չէ թափանցել քո դստիկոնը սրտիդ խաղաղությունը վրդովելու համար: Թե ինչե՛ր էին անցնում իմ իշխանության մեջ, թե ի՛նչ հոգսեր էին կնճռում քո հոր ճակատը, թե ինչո՞ւ նա օրերով բացակայում էր ամրոցից, այս ամենի մասին չէր հայտնվում քեզ ոչինչ...

ՌՈՒԶԱՆ. — (*հորն ընդհատելով*) Ինչպե՛ս, հայր իմ, դու հոգսեր ու վշտեր ես ունեցել և ոչինչ չե՞ս հայտնել ինձ:

ԶԱԼԱԼ. — Այո՛, սիրելիս, որովհետև ճանաչում էի քո զգայուն սիրտը և չէի կամենում վշտացնել նրան:

ՌՈՒԶԱՆ. — Ա՛խ, հայր իմ, միթե կարելի է:

ԶԱԼԱԼ. — Այդպես էլ պետք էր, սիրելի զավակս: Քո մասնակցությունը չէր կարող իմ վշտերը բառնալ, ուրեմն և հարկ չկար տխրեցնել քեզ իզուր: Բայց այժմ որովհետև կամենում ես Ներսեհի բացակայության պատճառն իմանալ, ուստի ստիպված եմ ծանոթացնել քեզ այն հանգամանքներին, որոնց հետ կապ ունի Ներսեհի բացակայությունը:

ՌՈՒԶԱՆ. — Լսում եմ քեզ, սիրեցյալ հայր:

ԶԱԼԱԼ. — Այս դարը, որի մեջ ապրում ենք, սիրելի Ռուզանս, արտասուքի, արյան ու թշվառության դար է: Ինչպես Հայաստանի բոլոր մանր իշխանությունները, նույնպես և իմ երկիրը շրջապատված է թշնամիներով, դրանցից մինն ու վտանգավորը որ թաթարաց վայրենիների գունդն է, բռնած ուներ մինչև այժմ Խաչենի սահմանը և հարմար առիթի էր սպասում իմ երկիրը մտնելու և այն հիմնահատակ անելու: Իմ հպատակներն ամեն օր երկյուղի ու սարսափի մեջ էին, և նրանց իշխանը, որ քո դժբախտ հայրն է, չէր կարողանում զենքի զորությամբ ապահովություն բերել յուր հպատակներին: Նրանց գլխին կախված էր փորձության սուրը:

ՌՈՒԶԱՆ. — Աստվա՛ծ իմ... Եվ այդ ամենի մասին ոչինչ չե՞ք հայտնել ինձ:

ՋԱԼԱԼ. — Այո՛, Ռուզան. և ահա՛ այս էր պատճառը, որ երբ Ներսեհը քիչ ժամանակ առաջ եկավ ինձ մոտ ձեր ամուսնության նկատմամբ իմ վերջնական համաձայնությունն ստանալու, ես նրան ասացի. «Որդյակ իմ, քեզ հայտնի է իմ իշխանության ու ժողովրդի արդի անապահով դրությունը. դու գիտես, թե ի՞նչ վտանգ կարող է հասնել նրանց, եթե գեթ մի օր ինքս ինձ տամ անհոգ զվարճության: Իմ երկրի սահմանը բռնող թշնամին արծվի սրատեսություն և շան հոտառություն ունի. բավական է իմ կողմից փոքր զանցառություն և ահա՛ նրա գնդերը կբռնեն մեր բլուրները, իսկ ա՛յն երկիրն, ուր նրանց ոտքն է կոխում, կանաչ չի բուսուցանում: Իմ դստեր ամուսնությունը, ասացի, մի հասարակ հանդեսով չի անցնիլ. իսկ իշխանական տան վայել խրախճանով պարապելու ես ժամանակ չունիմ, համբերիր, ասացի, մի առ ժամանակ, մինչև իմ այս թշնամին յուր որջը կդառնա և իմ երկրի մեջ կտիրե ապահովություն. այն ժամանակ ես կօրհնեմ ձեր միությունը և մեր բոլոր ժողովուրդը կմասնակցի այդ ուրախության»:

ՌՈՒԶԱՆ. — Եվ Ներսեհին, իհարկե, խոստացավ համբերել:

ՋԱԼԱԼ. — Այո՛:

ՌՈՒԶԱՆ. — Իսկ այդ խոստումը մի՞թե կարող էր արգելել նրան ըստ սովորականին մեզ այցելելու:

ՋԱԼԱԼ. — Կարող էր արգիլել, եթե նա կերթար քո և յուր երջանկության խոչընդոտները բառնալու:

ՌՈՒԶԱՆ. — Ուրեմն նա գնացել է մեր թշնամու դե՞մ պատերազմ:

ՋԱԼԱԼ. — Այո՛, պատերազմ: Եվ աստծո աջը զորավիգ կլինի նրան:

ՌՈՒԶԱՆ. — Անշուշտ: Բայց ես զարմանում եմ, թե ինչու Ներսեհը մի խոսք անգամ չասաց այդ արշավանքի մասին, երբ վերջին անգամ եկավ յուր հրաժեշտն ինձ տալու:

ՋԱԼԱԼ. — Ազնիվ երիտասարդն ինձ ևս չհայտնեց ոչինչ: Բայց յուր ձեռնարկության լուրը մեր հետամուտները բերին:

ՌՈՒԶԱՆ. — Իսկ այդ ձեռնարկության ե՞լքը:

ՋԱԼԱԼ. — Առաջին հարձակումը հաջողակ է անցել: Ներսեհը գրավել է թշնամու դիրքը, իսկ այնուհետև նոր լուր դեռ չունիմ. այսօր անշուշտ մեզ սուրհանդակ կգա:

ՌՈՒԶԱՆ. — Եվ երանի՛, թե նա ուրախ լուր բերե:

ՋԱԼԱԼ. — (*վերկենալով տեղից*) Աստծո օգնությամբ ուրախ լուր կբերե: Միայն թե դու քեզ հանգիստ պահիր այժմ և ազատ եղիր ամեն հոգսերից: Ներսեհը, հույս ունիմ, կվերադառնա հաղթությամբ: Եվ որպեսզի հակառակորդները ժամանակ չունենան գործելու, ես քո ձեռը հանդիսաբար կհանձնեմ իշխանին, հե՛նց որ նա հաղթանակով մուտ կգործե այստեղ:

ՌՈՒԶԱՆ. — Ահ, շնորհակալ եմ, հայր իմ: (*Համբուրում է ձեռը*) Դու անսահման բարի ես դեպի քո դուստրը:

ԶԱԼԱԼ. — Կատարում եմ իմ պարտքը, որդյակ, միայն իմ պարտքը:

(*Դուրս է գնում*):

ՏԵՍԻԼ Բ

ՌՈՒԶԱՆ (*միայնակ*)

Այժմ ամեն ինչ պարզ է ինձ համար: Այս լուրը հնարված էր: Ես այդ պիտի գուշակեի Համտունի անսպաս այցելությունից և զուր տեղը չանհանգստացնեի հորս, բայց չկարողացա: Ես հանցավոր չեմ: Երբ մարդ ունի այդպիսի գանձ, որի պահպանության համար դողում է ամեն վայրկյան, այն ժամանակ հողմի շունչն իսկ թունդ է հանում նրա սիրտը: Այ՛ո , այսպես է: Իմ աննման իշխանի սերը դարձրել է ինձ կասկածոտ... բայց, աստված իմ, այս ի՞նչ նորություն էր, որ հայրս հաղորդեց: Ուրեմն Ներսեհը կանգնած է այժմ թշնամու դեմ... կամ գուցե արդեն կռվում է նրա հետ... իսկ եթե հանկարծ մի նետ՝ ապիրատ ձեռքից արձակված՝ գա և զարկե նրա գեղալանջ կրծքին... եթե հանկարծ մի տեգ նրա կողը մեխվի, կամ մի դարանակալ սուր նրա արևը խավարե՞ ... Օ՛, այն ժամանակ... բայց ո՛չ. հեռո՛ւ ինձանից վեհերոտ մտքեր. արդար գործին աստված ինքն է առաջնորդում. նրա աջը կպաշտպանե խաչի զինվորներին...

Բայց իմ հայրը, տեր աստված, որքա՜ն վշտերով, որպիսի՛ հոգսերով ծանրաբեռնված է եղել և այս ամենը ինչպե՛ս ծածկել է ինձանից... Եվ ինչո՛ւ, չեմ հասկանում, մի՞թե ես այս գերդաստանի անդամը չէի և չի պիտի գիտենայի թե՝ ինչե՞ր են գործվում իմ հոր իշխանության մեջ, իմ տանը, իմ շուրջը. ինչո՞ւ պիտի ծիծաղեի ես այն ժամանակ, երբ իմ հոր սիրտը արտասվում էր թաքուն... մի՞թե ես նրան չէի՞ կարող օգնել. մի՞թե ես ոչինչ չէի՞ կարող զոհել... (*Լսվում է շշուկ և՛ զալարափողի ձայն, Ռուզանը դիմում է դեպի պատուհանը*)։ Այս ի՞նչ ձայներ են...

ՏԵՍԻԼ Դ

ՌՈՒԶԱՆ եվ ՇԱՆՈՒՅՇ

ՇԱՆՈՒՅՇ. — (*շտապով ներս վազելով*) Տիրուհի՛, ուրախ լուր...

ՌՈՒԶԱՆ. — Ի՞նչ կա, Շանույշ, ի՞նչ աղմուկ է այս։

ՇԱՆՈՒՅՇ. — (*ուրախությունից շնչասպառ*) Ներսեհ իշխանը, տիրուհի...

ՌՈՒԶԱՆ. — (*շտապով ընդհատելով*) Ի՞նչ, նա եկա՞վ... (Անհանգիստ)։ Ասա շուտ, նա եկա՞վ...

ՇԱՆՈՒՅՇ. — Այո՛, տիրուհի. փողերը նրա գալուստն են ավետում:

ՌՈՒԶԱՆ. — (*խնդագին*) Ա՜հ, աստված իմ. շնորհակալ եմ քեզանից, դու երջանկության նոր աղբյուր բացիր ինձ. (**դառնալով Շանույշին**): Բայց ո՞ւր է նա, Շանույշ, չէ՞ գալիս ինձ մոտ...

ՇԱՆՈՒՅՇ. — Ահա, նա, տիրուհի:

ՏԵՍԻԼ Դ

ՌՈՒԶԱՆ եվ ՆԵՐՍԵՀ

(*Ներս է մտնում ՆԵՐՍԵՀԸ*)

ՌՈՒԶԱՆ. — Ներսեհ, սիրեցյալդ իմ, այս որքա՜ն անհանգստություն պատճառեցիր ինձ:

ՆԵՐՍԵՀ. — Ների՛ր ինձ, բարի Ռուզան, որ մեր երջանկությունը ապահովելու համար՝ այս անգամ քեզանից զաղտուկ գործեցի:

ՌՈՒԶԱՆ. — Եվ եթե ավելի երկարեր բացակայությունդ, սրտիս տխրութենեն պիտի ընկճվեի:

ՆԵՐՍԵՀ. — Ա՛, մի՞թե չգիտեիր թե՝ ուր էլ որ լինիմ, քեզ համար կապրիմ:

ՌՈՒԶԱՆ. — Այո՛, բայց պատերազմի դաշտո՞ւմ...

ՆԵՐՍԵՀ. — Պատերազմի դաշտո՞ւմ... օ՜, այնտեղ մեռնողը ապրում է ավելի՝ քան ամենից երկարակյացը աշխարհի մեջ: Եվ կա՞ արդյոք մի կյանք ավելի փառապանծ, քան այն՝ որ ժառանգում է զինվորը հայրենիքի համար մեռնելով: Այո՜, Ռուզան, չկա նույնպես մի տեղ, ուր քաջի կուրծքը կարողանար շունչ քաշել այնպե՜ս ազատ, ինչպես պատերազմի դաշտում, ուր բանակները կռվում են մահու և կյանքի դեմ... Չկա ավելի մեծ հաճույք՝ քան տեսնել հայ քաջերին արյունախանձ կատաղության մեջ՝ երբ բորբոքում է ճակատամարտը, կամ սուսերամերկ և սրարշավ՝ երբ նահանջում է թշնամին: Ամեն անգամ, երբ կռվի խառնակության մեջ, փշրվող նիզակների մոտ, կամ նետերի տարափի տակ աչքիս է ընկնում հայրենական դրոշակը, որ ազատ ծածանում է քաջերից մինի ձեռքում, ամեն անգամ, երբ տեսնում եմ այդ դրոշակի փառքի համար նահատակվող մեր մանկտին, սիրտս լցվում է հրճվանքով, բազուկներս գերբնական ուժ են ստանում, և իմ ձայնը որոտում է ինչպես մի մրրիկ, որ շառաչում է անտառի մեջ... Այո՜, Ռուզան, սիրելի է պատերազմի դաշտը, մանավանդ ա՜յն ժամանակ, երբ այնտեղ դարբնվում է հայրենիքի փառքն ու փրկությունը...

ՌՈՒԶԱՆ. — Օ՜, ինչպե՜ս ոգևորում ես դու ինձ... կցանկանայի լինել մի զինվոր և կռվել, քո դրոշի տակ... Բայց ասա՜ ինձ. ի՞նչ ելք ունեցավ քո արշավանքը, և ի՞նչ հաջողություն քո սուրը:

ՆԵՐՍԵՀ. — Մի՞թե հաղթվելուց ետ քո աչքին կերևայի՞:

ՌՈՒԶԱՆ. — (հրճվանքով) Ուրեմն հաղթությամբ վերադարձար:

ՆԵՐՍԵՀ. — Այո՜, քեզ համար, իմ պաշտելի՜ կույս:

ՌՈՒԶԱՆ. — Կեցցե՛ս, իմ քաջ, և ուրեմն թշնամին անհետացա՞վ մեր սահմաններից:

ՆԵՐՍԵՀ. — Անհետացավ խսպառ:

ՌՈՒԶԱՆ. — Եվ ժողովուրդն այսուհետև պիտի ապրի խաղաղության մե՞ջ:

ՆԵՐՍԵՀ. — Անշուշտ:

ՌՈՒԶԱՆ. — Եվ գեղջուկն յուր դաշտը կհերկե հանգիստ, իսկ մշակն յուր արտը կհնձե ապահո՞վ...

ՆԵՐՍԵՀ. — Ոչ ոք այլևս չի խանգարիլ նրանց:

ՌՈՒԶԱՆ. — Ո՛վ իմ աննման, այժմ ավելի քան երբեք սիրում եմ քեզ, և եթե իմ այս սրտի փոխարեն կյանքս էլ պահանջեիր, սիրով կնվիրեի քեզ, իբրև ժողովրդյան ազատարարին... դեհ, այժմ պատմիր ինձ քո արշավանքի մանրամասնությունը:

ՆԵՐՍԵՀ. — Ամենայն սիրով... բայց իշխանները գալիս են, դեռ դիմավորենք նրանց:

ՏԵՍԻԼ Ե

ԶԱԼԱԼ, ՄԱՄՔԱՆ, ԹԵՆԻ, ԶԱՔԱՐԵ, ՍՄԲԱՏ, ՊԱՊԱՔ, ՀԱՄՏՈՒՆ, ՌՈՒՍԵԿ

ԶԱԼԱԼ. — Իշխաններ, դուք ճանաչում եք այն երիտասարդին (*մատնացույց անելով Ներսեհի վրա*): Յուր մանկության հասակից, ճանաչում եք և նրա հինավուրց ազգատոհմը: Մրա նախնիքը հայտնի էին իրենց հավատարմությամբ դեպի մեր թագավորները և անձնվիրությամբ՝ դեպի հայրենիքը: Ինչպես տեսնում եք, արժանավոր որդին հետևվում է յուր նախահարց շավղին: Նա այսօր հաղթական վերադառնում է ա՛յն ասպարեզից, ուր դուք վաղուց գործում էիք, և ուր գործել են յուր նախնիք: Թաթարաց ա՛յն հզոր բանակը, որ մեր սահմանում գտնվելով՝ ահ ու սարսափ էր ազդում Խաչենի ժողովրդին, Ներսեհ իշխանի շնորհիվ իսպառ ջնջված է, իսկ նրա գլխավորները՝ գերված ու կապված: Այսպիսով, ուրեմն, մեր երկրի խաղաղությունը ապահովված է երկար, և այս բարիքը մենք պարտական ենք իշխան Ներսեհին: Ցանկանալով արժանապես վարձատրել նրա այս արիության գործը, կամենում եմ այդ առթիվ ստանալ իշխանուհվո և ձեր հաճությունը, իշխաններ:

ՄԱՄՔԱՆ. — Վարձատրիր իշխանին այնպիսի պարգևով, որին արժանի է յուր ցույց տված ծառայությունը. ես դրա համար տալիս եմ իմ սրտագին հաճությունը:

ՋԱՔԱՐԵ. — Հայրենիքի օգտին նվիրած ծառայությունը արժանի է միշտ լավագույն վարձատրության: Ես համաձայն եմ քո մտադրության հետ:

ԻՇԽԱՆՆԵՐ. — Մենք ևս, մենք ևս:

ՋԱԼԱԼ. — (*հանդիսաբար մոտենալով Ներսեհին*) Որդյակ իմ, դու արժանի ես ա՛յն պարգևին, որը վաղուց հետե սահմանված է եղել քեզ համար, բայց որը տակավին հանձնված չէ եղել քեզ հանդիսաբար: Այդ պարգևը դու ամենաթանկագինն ես համարել բոլոր բարիքներից: Եվ ահա՛ իմ հատուկ ցանկությամբ և իշխանուհվո ու մեր հարգելի իշխանների հաճությամբ ես տալիս եմ քեզ այն իբրև մրցանակ քո փառավոր հաղթության: (*Բռնելով Ռուզանի ձեռքը և հանձնելով Ներսեհին*): Ահա՛ նա:

ՆԵՐՍԵՀ. — (*զգացված*) Դու ինձ ամենաերջանիկը կացուցիր աշխարհում, մեծ իշխան:

ՋԱԼԱԼ. — (*գրկելով երկուսին և համբուրելով*) Դուք արժանի եք միմյանց, որդյակներս:

ՄԱՄՔԱՆ. — Ապրեցեք միմյանց համար և երջանիկ եղեք: (*Գրկելով և համբուրելով երկուսին*): Այսօր մենք մեր հարգելի իշխանների հետ միասին կկատարենք ձեր նշանադրության հանդեսը և (*դառնալով Ներսեհին*) կտոնենք քո փառավոր հաղթությունը: Իսկ գարնան, երբ մեր լեռները կզեղեցկանան, մենք կօրհնենք ձեր միությունը:

ՋԱՔԱՐԵ. — (*մոտենալով*) Իսկ ես, քանի դեռ մահը չէ այցելել իմ ծերության, այժմյանից եմ օրհնում ձեր ապագա միությունը: (*Գրկում և համբուրում է երկուսին*):

ԻՇԽԱՆՆԵՐԸ. — (*հետզհետե մոտենալով՝ շնորհավորում են Ներսեհին ու Ռուզանին, բացի Համտունից, որ կանգնած է հեռու*):

ՄԱՄՔԱՆ. — (*Համտունին*) Դու միայն, Համտուն իշխան, անտարբեր ես դեպի այս հասարակաց ուրախությունը:

ՍՄԲԱՏ. — (*ինքն իրեն*) Որովհետև խեղճի սրտում վառվում է նախանձի կրակը:

ՀԱՄՏՈՒՆ. — (*առաջ գալով*) Ինձ տանջում է ա՛յն հոգսը թե՝ Ներսեհ իշխանի անխորհուրդ կերպով թաթարաց զորքերին ջարդելը , եթե Չարմաղան մեծ զորապետն իմանա և ավելի մեծ ուժով մեզ վրա հարձակի, ի՞նչ պիտի անենք:

ՆԵՐՍԵՀ. — (*եռանդով և հանդիսաբար*) Եթե մատնիչները նրան չեն առաջնորդել, մենք նրան կդիմավորենք մեր սրով և կրծքով...

ՄԱՄՔԱՆ. — Իսկ այժմ, իշխաններ, գնանք մեր ուրախությունը տոնելու:

(*Բոլորը դուրս են գնում, բացի Պապաքից ու Համտունից*):

ՏԵՍԻԼ Ձ

ՀԱՄՏՈՒՆ եվ ՊԱՊԱՔ

ՀԱՄՏՈՒՆ. — Պապաք իշխան, այս նախատինքն ես չի պիտի տանեմ: Դու գիտես, որ հայ իշխանական տների մեջ մեր Սյունյաց տունը, գրեթե, առաջինն էր: Նա բարձակից էր Ասպետական և Արծրունի նախարարությանց: Իմ նախնիքն արծաթե գահ, ոսկի գավազան և մարգարտե վարսակալ էին գործածում և թագավորական սեղանի վրա՝ իբրև գահերեց, չորս հարյուր նախարարություններից բարձր էին նստում: Նրանք խնամություն են արել արքայական տների հետ,և նրանց հաջորդները Բաղաց թագավորության հիմնադիրներն եղան: Ջալալ իշխանը չի պիտի համարձակեր այս փառավոր տոհմի պատիվն այսքան անարգելու: Ես ամենից վատարանցը կլինիմ եթե իմ անպատվության վրեժը չառնեմ նրանից կրկնապատիկ:

ՊԱՊԱՔ. — Ինչո՞ւ Ջալալից: Քո հակառակորդը Ներսեհ իշխանն է:

ՀԱՄՏՈՒՆ. — Իսկական հերոսը չի մերկացնում սուրը սինլքոր զինվորի դեմ, որին կարող է ընկճել լախտի մի հարվածով: Իմ համազոր հակառակորդը Ջալալ իշխանն է, նրա հետ էլ ես իմ հաշիվը կտեսնեմ:

ՊԱՊԱՔ. — Նշանադրությունը եղավ, այժմ արդեն ուշ է վրեժխնդրության վրա մտածել:

ՀԱՄՏՈՒՆ. — Վրեժն երբ էլ լուծվի, հաճույք կպատճառե լուծողին:

ՊԱՊԱՔ. — Բայց այսուհետև այլևս ի՞նչ վրեժ կարող ես լուծել:

ՀԱՄՏՈՒՆ. — Ինչ վրե՞ժ, օ՛, ես գիտեմ, թե ինչ. ես արդեն որոշեցի:

ՊԱՊԱՔ. — Սպանե՞լ տալ Ջալալին:

ՀԱՄՏՈՒՆ. — Երբեք: Ով որ սպանում է հակառակորդին, նա ազատում է նրան տանջվելուց: Ջալալը պիտի ապրե, որպեսզի Համտունի ստեղծած չարիքներից շարունակ տանջվի:

ՊԱՊԱՔ. — Բայց ի՞նչ ես որոշել անել:

ՀԱՄՏՈՒՆ. — Լսիր, Պապաք, դու գուցե պատմությունից գիտես, որ իմ նախնիքներից մինն՝ Անդոկ նախարարը, պարսից Շապուհ թագավորից կրեց մի անարգանք. այն է՝ արքայական սեղանի վրա՝ Հայոց նախարարաց կարգին մեջ՝ փոխանակ երրորդ գահն ստանալու, տասն և չորրորդը ստացավ: Անդոկ այդ նախատինքը չկարողացավ տանել և պարսից հզոր թագավորից յուր վրեժն առավ՝ նրա տերության մայրաքաղաք Տիզբոնն ավերելով և հրդեհելով: Ես այդ հպարտ մարդու սերունդներից եմ և գիտեմ նրա չափով վրեժ առնելու արհեստը:

ԴԱԴԱՔ. — Բայց Անդոկի վրիժառությունը սոսկալի հետևանքներ ունեցավ: Սյունյաց բարեշեն նահանգը ավերակ դարձավ այդ պատճառով:

ՀԱՄՏՈՒՆ. — Գիտեմ: Գուցե իմ վրիժառությունն ևս նույն հետևանքն ունենա: Ես Սյունյաց տոհմի վերջին շառավիղն եմ: Ա՛յն ձեռքը, որ իմ կյանքի թելը կկարճե, կանհետացնե աշխարհից նաև Սյունյաց անունը: Բայց ինձ համար միևնույն է. ավելի լավ է մեռնել, քան անպատիվ ապրել: Ես չի պիտի կարողանամ իմ զայրույթը զսպել: (*Լսվում են երաժշտության ձայներ*): Մինչև որ այս (*ցույց տալով դեպի երաժշտության կողմը*) ստեղծվող երջանկությունը չխանգարեմ:

ԴԱԴԱՔ. — Բայց ինչո՞վ:

ՀԱՄՏՈՒՆ. — (*անուշադիր*) Այո՛, իմ աչքերը չեն կարող անտարբեր նայել ա՛յն տեսարանին, երբ քահանան այս միությունը օրհնելով՝ իմ օրինական հարսնացուն կհանձնե ձորոգեցի Ներսեհին. այդ տեսարանը չպետք է տեղի ունենա:

ԴԱԴԱՔ. — Մի քանի շաբաթից հարսանյաց թափորը կճանապարհվի դեպի Մեծիրանից վանքը:

ՀԱՄՏՈՒՆ. — Եվ այնտեղ էլ, ուրեմն, պսակը կկատարվի:

ԴԱԴԱՔ. — Անշուշտ:

ՀԱՄՏՈՒՆ. — Հոգ չէ, թող կատարվի. այսուամենայնիվ, նորապսակները չեն տեսնիլ իրենց առագաստը:

ԴԱԴԱՔ. — Հասկացա: Ուրեմն սուրբ Հակոբա անտառում երկու դարանակալ նետեր կթռչեն դեպի նրանց:

ՀԱՄՏՈՒՆ. — Ո՛չ. ավելի մեծ չարիք կպատահի:

ԴԱԴԱՔ. — Այսի՞նքն:

ՀԱՄՏՈՒՆ. — Լսիր ինձ: Այս ամրոցում դո՛ւ ես իմ միակ մտերիմն. ուստի հայտնում եմ քեզ (*զգուշությամբ այս ու այն կողմ նայելով*), որ հենց պսակի օրը այստեղ կհասնեն Չարմաղանի զորքերը:

ՊԱՊԱՔ. — (*սարսափահար*) Այդ ի՞նչ ես գուժում:

ՀԱՄՏՈՒՆ. — Հանգիստ կաց և լսիր: Հենց որ առաջին գուժկանը կհասնե, դու միջոց գտիր ամրոցից փախչելու, որպեսզի մյուս հանցավորների հետ զուր տեղը չզոհվիս թաթարաց սրին:

ՊԱՊԱՔ. — Եվ դու կատակ չե՞ս անում:

ՀԱՄՏՈՒՆ. — (*ծանրությամբ*) Կար ժամանակ, երբ ես էլ սիրում էի կատակներ. բայց այդ ժամանակն անցավ. անարգված մարդը միայն վրեժ է առնում:

ՏԵՍԻԼ Է

ՀԱՄՏՈՒՆ, ՊԱՊԱՔ եվ մի սպասավոր

ՍՊԱՍԱՎՈՐ. — (*ներս մտնելով*) Տյարք, իշխան տաճարապետը սպասում է ձեզ:

(*Գլուխ տալով դուրս է դնում*):

ՏԵՍԻԼ Ը

ՀԱՄՏՈՒՆ եվ ՊԱՊԱՔ

ՀԱՄՏՈՒՆ. — Գնանք, բարեկամ, միամիտ բախտավորները զվարճանում են, գնանք մասնակցենք նրանց ուրախությանը:

ՊԱՊԱՔ. — Բայց քո հայտնությունը իմ արյունը սառեցրեց:

ՀԱՄՏՈՒՆ. — Հոգ չէ, Խաչենի գինին նորից կտաքացնե, գնանք:

ՊԱՊԱՔ. — (*դժվարանալով*) Ավելի լավ է, որ միասին չմտնենք դահլիճ:

ՀԱՄՏՈՒՆ. — Բարի. ուրեմն դու գնա առաջ, իսկ ես կգամ հետո:

ՊԱՊԱՔ. — (*առաջանալով և ինքն իրեն*) Արժանի վրեժ է, եթե լուծվի, բայց ես թող սրան համախոհ չճանաչվիմ:

(*Դուրս է գնում*):

ՏԵՍԻԼ Թ

ՀԱՄՏՈՒՆ (*միայնակ*)

Հիմա՛ր կնամարդ. է կամենում ինձ հետ միասին մտնել մարդկանց մոտ, որպեսզի հետո մեղսակից չհամարվի ինձ: (*Գլուխը շարժելով*)։ Հապա, անմի՛տ. ի՞նչ էիր մտածում,որ նախանձի դժոխքը վառում էիր այստեղ: (*Ցույց տալով սիրտը*)։ Մի՞թե Համտունին էլ համարում էիր մի Պապաք, որ հակառակորդի հետ կռվեր՝ կանանց հետ դաշնակցելով: Չէ, բարեկամ, հավաբնում միայն աղվեսն է շահատակում, իսկ առյուծի համար կա անեզր անապատ, ուր նա խեղդում է ոչ թե հավ, կամ խլուրդ, այլ վագր ու հովազ: Եթե հարկ կա վրեժ առնելու, ապա պետք է այնպես անել, որ այդ վրիժառությունից աշխարհը սասանի... (*Դուրս է գնում*)։

Վարագույր

ԱՐԱՐՎԱԾ ԵՐԿՐՈՐԴ

Ջալալ իշխանի ընդունելության դահլիճը (*տե՛ս առաջին արարվածի երկրորդ տեսարանը*), որ զարդարված է տոնական տարազով: Սյուների խոյակները պսակված են կանաչ դրասանգներով և գույնզգույն վառերով, որոնք օձապտույտ իջնում են մինչև սյուների խարիսխները: Կանաչահյուս ժապավեններ՝ մանեկաձև, կախված՝ միացնում են դահլիճի կամարաշարերը և նույնպիսի հյուսեր զարդարում դռների և պատուհանների բարավորները:

Դահլիճի մեջտեղը բացված է փառավոր սեղան՝ արծաթե ամաններով ու թակույկներով: Դահլիճի խորքում կանգնած են երգիչների և երգչուհիների խմբեր:

Վարագույրը բացվելուց՝ բազմականները բոլորած են սեղանը, սպասավորները գինի են մատռվակում, իսկ երգիչները երգում են:

ՏԵՍԻԼ Ա

ՋԱԼԱԼ, ՄԱՄՔԱՆ, ՌՈՒԶԱՆ, ՆԵՐՍԵՀ, ՋԱՔԱՐԵ, ՍՄԲԱՏ,ՈՒՄԵԿ, ԹԵՆԻ, ՊԱՊԱՔ, երգիչներ, երգչուհիներ, սպասավորներ, երաժիշտներ

Երգիչներ
Գարուն՝ կանաչ և ծաղիկներ
Բերավ, փռեց մեր լեռներին.

Երգչուհիներ
Եվ իշխանի հատու սուսեր
Խաղաղություն մեր սրտերին:

Բոլորը միասին
Բայց երանի՛ անանց լիներ այս գարուն,
Եվ ծաղիկներ միշտ փթթեին անթառամ,

Եվ խաղաղ կյանք մեր ազդակյաց համարյուն՝
Երկար ամոք՝ բաշխեր երկին բարեխնամ:

Երգիչներ
Բայց, վա՜շ բնության գեղեցկություն
Պիտի ավրե ծերուկ ձմեռ:

Երգչուհիներ
Եվ հայ սրտի խաղաղություն՝
Սուր թշնամվույն աշխարհավեր:

Բոլորը միասին
Օ՜ն, աղջիկներ, պատրաստեցեք մեզ պաշար՛
Ձմռան սաստիկ ուժի դեմը առնելու,
Իսկ դուք, տղայք, սրեցեք սուր և տապար՝
Մեր թշնամյաց կառափները ջարդելու:

ՋԱԼԱԼ. — (*բաժակը ձեռին*) Սիրելի բարեկամներ, անդրանիկ դստերս ամուսնությունից հետո՝ անցել են արդեն յոթ երկար տարիներ, և բոլոր այդ ժամանակ մեր լեռներում դեռևս չէ կատարվել մի խրախճան: Իմ սիրելի փեսայի քաջարության շնորհիվ այսօր, ահա, առաջին անգամ, ցնծության երգեր են հնչում այս կամարների տակ: Անցան ամառ, աշուն և ձմեռ. ահա՜ վերջանում է նաև մեր լեռների գեղեցիկ գարունը, և սակայն մեր ժողովուրդը գտնվում է տակավին ապահովության մեջ: Այսօր, ուրեմն մենք տոնում ենք ոչ միայն իմ դստեր ու փեսայի հարսանիքն, այլև մեր ժողովրդի խաղաղության տարեդարձը, որ բոլորել է Ներսեհ իշխանի շնորհիվ... Ուրեմն, սիրելիներս, առաջին բաժակը նվիրենք ամուսնացող զույգի և ժողովրդյան բարեկենդանության կենացը:

ՀԱՆԴԻՍԱԿԱՆՔ. — (*բաժակները բարձրացնելով*) Ամուսնացող զույգի և ժողովրդյան բարեկենդանության կենացը:

ԵՐԱԺՇՏՈՒԹՅՈՒՆԸ. — (*ձայնակցում է հանդիսականներին*):

ՈՒՄԵԿ. — (*շտապով տեղից բարձրանալով*) Սպասեցեք, իշխաններ. (*դառնալով Ջալալին*) մեծափառ տեր, իմ իրավունքը բռնաբարված է. ես բողոքում եմ քեզնից քո արդարության առաջ:

ՋԱԼԱԼ. — (*ծիծաղելով*) Ի՞նչ. մի՞թե ես քո դեմ մի անիրավություն արի:

ՈՒՄԵԿ. — Այո՛, տեր, բախտը մեզ տալիս է երկու «կենաց բաժակ» դատարկելու առիթ. իսկ դու այնոնց միացնում ես մի բաժակի մեջ: Ես տաճարապետ եմ քո մեծության հրամանով, ուստի պահանջում եմ, որ այդ «կենացները» զատ-զատ դատարկվին:

ՋԱԼԱԼ. — Իրավունք ունիս: Ուրեմն առաջ ժողովրդի բարեկենդանության կենացը:

ՈՒՄԵԿ. — Համաձայն եմ (*հանդիսականներին*): Բազմականներ, ժողովրդի բարեկենդանության կենացը: Մաղթենք, որ այն լինի հաստատ և հարատև:

ՀԱՆԴԻՍԱԿԱՆՔ. — Ժողովրդի բարեկենդանության կենացը: (*Խմում են*):

ՈՒՄԵԿ. — Ահա՛, այդպես. պետք է հարգել կարգն ու կանոնը:

ՋԱԼԱԼ. — (*ծիծաղաղեմ*) Սիրելի իշխան, դու նախանձախնդիր ես կենացների կանոնավոր բաշխման, գովում եմ եռանդդ: Բայց ես այդոնք միացրի, որովհետև ամեն բանում սիրում եմ միություն:

ՌԻՄԵԿ. — Բայց միությունն անհրաժեշտ է թշնամու զորքի առաջ և ոչ գինվո սրվակների, որոնք նույնքան դեմ են միության, որքան մեր վարդապետները՝ կուսակրոնության:

ԹԵՆԻ. — Մեր տաճարապետը խոսում է իբրև հերետիկոս. պե՞տք է արդյոք հնազանդիլ նրան:

ՌԻՄԵԿ. — Երբ հերետիկոսը ստամոքսներ է կառավարում, պետք է նրան հնազանդել: Այդ Հանցանքը, մայր Թենի, ոչ ոքին չի տանիլ դժոխք:

ՁԱՔԱՐԵ. — Կեցցես, Ումեկ, այսօր դու ավելի խելոք ես, քան երեկ:

ՍՄԲԱՏ. — Ումեկ իշխանը խելոք է խոսում, երբ հարցը վերաբերում է ստամոքսին:

ՌԻՄԵԿ. — Եվ ավելի խելոք, երբ վերաբերում է քաջության:

ՁԱԼԱԼ. — Հարկավ, ուրիշների...

ՌԻՄԵԿ. — Ես վերջինը չեմ մեր քաջերի մեջ:

ՁԱԼԱԼ. — Դրա ապացո՞ւյցը:

ՁԱՔԱՐԵ. — (*ծիծաղելով*) Ա՛յն, որ խուչախների կռվում ինքն եղավ առաջին գերին:

ՍՄԲԱՏ. — Եվ մեծ իշխանի արշավանքում՝ առաջին փախստականը:

ՌԻՄԵԿ. — Դուք ակնարկում եք իմ երկչոտությո՞ւնը. բայց ձեր հիշածները դեռ չեն ապացուցանում ոչինչ: Ես տեղի եմ տվել անհաջող բախտին: Ի՞նչ կանեիք դուք, եթե իմ տեղը լինեիք:

ՍՄԲԱՏ. — (*աշխույժով*) Մենք ավելի լավ կհամարեինք քաջությամբ մեռնել:

ՈՒՄԵԿ. — (*զվարթ անտարբերությամբ*) Իսկ ես լավ համարեցի ապրել: Սա թեպետ քաջություն չէ, բայց խոհեմություն է: Ով որ չէ կամենում մեռնել, նա իրավունք ունի ապրելու: (*Դառնալով Ներսեհին*) Ի՞նչ կասես սրան, իշխան:

ՆԵՐՍԵՀ. — (*ծիծաղելով*) Ես դժվարանում եմ պատասխանել:

ՈՒՄԵԿ. — Եվ լավ ես անում: Պսակվող մարդը ամենից քիչ իրավունք ունի տաճարապետի ներկայությամբ ճշմարտություն խոսելու:

ՌՈՒԶԱՆ. — Իսկ ես համարձակ կասեմ՝ թե ով փախչում է ապրելու համար, նա արդեն մեռնում է կենդանվույն:

ՄԱՄՔԱՆ. — Իրավունք ունիս, զավակս: Եվ իրավ, ի՞նչ կլիներ մեր վիճակը, եթե Ումեկ իշխանը յուր այս տարօրինակ խոհեմությամբ հրամանատար լիներ մեր զորքերին:

ՈՒՄԵԿ. — Հավատա՛, իշխանուհի, ամեն ինչ խաղաղությամբ կվերջանար: Ի՞նչ հարկ կա կռվել զորեղի դեմ ա՛յն ժամանակ, երբ ինքդ ես զգում քո թուլությունը: Այդպիսի դեպքում կամավոր պարտությունը հավասար է հաղթության:

ՋԱՔԱՐԵ. — Տեր տաճարապետ, քո քարոզը գեղեցիկ կհնչեր մի կուսանոցում, բայց դու նստած ես զինվորների հետ:

ՈՒՄԵԿ. — Ճշմարիտ զինվորը չի վհատիլ իմ խոսքերից:

ՋԱԼԱԼ. — Որպեսզի չվհատի նաև սուտ զինվորը, ապա վարի՛ր պաշտոնդ առանց փիլիսոփայելու:

ՈՒՄԵԿ. — Բյուր ներողություն, մեծ իշխան: (*Ծառաներին*) Մատռվակնե՛ր, լցրեք բաժակները գինով (*բաժակը ձեռին՝ տեղից բարձրանալով և *հանդիսականներին դառնալով*)։ Բարեկամներ, խմենք այժմ մեր սիրարժան հարսի և հարգարժան փեսայի կենացը. մաղթենք իշխանազուն ամոլներին երկար կյանք, մշտավառ սեր, անսպառ երջանկություն...

ՀԱՆԴԻՍԱԿԱՆՔ. — Կեցցե՛ն իշխանազուն ամոլները։

ՌԻՄԵԿ. — Եվ երջանիկ սիրահարները։ (*Երաժիշտներին*)։ Երաժիշտներ, ձայնակցեցե՛ք մեր ուրախությանը։

(*Երաժշտությունը նվագում է*)։

Խումբը երգում է

Երբ ծագում է մեզ արևը լուսավոր,
Հայ տղաներ, սթափեցեք ձեր քնից,
Լծեք եզինք, առեք գութանն ու արոր
Եվ փութացեք դաշտը հերկել ցողալից։
Իսկ երբ հեռվից մեր թշնամին երևի,
Հայ տղաներ, թողեք արորն ու եզինք,
Հարձակվեցեք թշնամու դեմ կատաղի,
Կռվեցեք քաջ և փրկեցեք հայրենիք։

ՌԻՄԵԿ. — (*դառնալով դեպի Պապաք*) Պապաք իշխանը լուռ է և տխուր։ (*Հանդիսականներին*)։ Բազմականներ, ո՞վ արդյոք ձեզանից կարող է պատճառն ասել, թող խոսե, ես նրան մի զտարյուն նժույգ կընծայեմ։

ՊԱՊԱՔ. — Մի՛ փատնիր գույքդ, իշխան, ես ուրախ եմ այնքան, որքան իրավունք ունիմ։

ՍՄԲԱՏ. — (*հեգնությամբ*) Եթե իշխանը մտածում է

գալոց չարիքների մասին, ապա նա ամենից քիչ իրավունք ունի ուրախանալու:

ՊԱՊԱՔ. — (*հեգնությամբ*) Դու մարգարե կլինեիր, իշխան, եթե Հրեաստանում ծնվեիր:

ՍՄԲԱՏ. — Եթե ճիշտ գուշակեցի, ուրեմն մեր երկիրն էլ մարգարեներ է ծնում:

ՊԱՊԱՔ. — Դու չսխալվեցար:

ՌԻՄԵԿ. — Արևս վկա, առաջին անգամն եմ տեսնում մի մարդ, որ ուրախության ժամերն իսկ նվիրում է հասարակաց հոգսերին:

ՊԱՊԱՔ. — Իսկ ես շատ եմ տեսել մարդիկ, որոնք հասարակաց հոգսի ժամերը նվիրել են ուրախության:

ՌԻՄԵԿ. — Եվ դրանք, ուրեմն, իմաստնաբար են գործել, վասնզի հոգսերը կան միշտ և կլինին, մինչդեռ ուրախությունը հազվագյուտ է մեր օրերում: Ավելի լավ է հոգսերից խլել մի ժամ և տալ ուրախության, քան ուրախության վայրկյանը նվիրել հոգսերին:

ՏԵՍԻԼ Բ

ՋԱԼԱԼ, ՄԱՄՔԱՆ, ՌՈՒՋԱՆ, ՆԵՐՍԵՀ, ԶԱՔԱՐԵ, ՍՄԲԱՏ, ՌԻՄԵԿ, ԹԵՆԻ, ՊԱՊԱՔ, երգիչներ, երգչուհիներ, երաժիշտներ և մի սպասավոր

ՍՊԱՍԱՎՈՐ. — (*մտնելով և դիմելով Ջալալին*)

Մեծափառ տեր, հեծելազորն ու թափորը կազմ ու պատրաստ սպասում են քո հրամանին՝ Մեծիրանից վանքը ճանապարհվելու համար:

ՋԱԼԱԼ. — (*դառնալով Ումեկին*) Տե՛ր տաճարապետ, տուր քո հրամանները, թափորը սպասում է մեզ:

ՈՒՄԵԿ. — (*բարձրաձայն*) Օ՛ն, ուրեմն, իշխաններ և իշխանուհիներ. թողնենք սեղանն յուր բախտին. դիմենք այժմ այնտեղ, ուր մեր ուրախությունը պիտի պսակվի: Եպիսկոպոսը վաղուց սպասում է վանքում: Ճանապարհը հեռի է, եթե մի փոքր էլ այստեղ ուշանանք՝ սրբազանը կբարկանա և մեզ պատժելու համար վանքի դռները կփակե:

ՀԱՆԴԻՍԱԿԱՆՔ. — Պատրաստ ենք, իշխան, առաջնորդիր մեզ: (*Վեր են կենում տեղերից*):

ՈՒՄԵԿ. — (*առաջ անցնելով*) Օ՛ն, ուրեմն, թող երաժշտությունն սկսե. թմբուկները թնդացնեն լեռները. ոչ մի մահկանացու տխուր չմնա այստեղ: Հառա՛ջ, բարեկամներս:

ՋԱՔԱՐԵ. — (*պատուհանից նայելով*) Ա՞յս ինչ է... Սպասեցեք, իշխաններ, սպասեցեք... (*Գլուխը բռնած ետ է գալիս*):

ՀԱՆԴԻՍԱԿԱՆՔ. — (*թափվելով Ջաքարեի վրա*) Ի՞նչ կա, իշխանք, ի՞նչ պատահեց քեզ:

ՄԱՄՔԱՆ. — (*վախեցած և շտապով*) Սիրելի տա՛գր...

ՋԱԼԱԼ. — Ի՞նչ եղավ քեզ, եղբայր իմ...

ՌՈՒԶԱՆ. — Այս ի՞նչ է, աստված իմ:

ՏԵՍԻԼ Գ

ՁԱԼԱԼ, ՄԱՄՔԱՆ, ՌՈՒԶԱՆ, ՆԵՐՍԵՀ, ԶԱՔԱՐԵ, ՍՄԲԱՏ, ՌՈՒՄԵԿ, ԹԵՆԻ, ՊԱՊԱՔ, երգիչներ, երգչուհիներ, երաժիշտներ, մի սպասավոր և մի գուժկան
(*որ մտնում է քրտնաթոր, շնչասպառ, օձիքը պատառած*)

ՊԱՊԱՔ. — (*տեսնելով գուժկանին և ինքն իրեն*) Հա՛, ուրեմն չեմ խաբված:

ՁԱԼԱԼ. — (*բոլորին լսելի ձայնով*) Ա՛հ... գուժկա՛ն...

ԲՈԼՈՐԸ. — (բոլորը սարսափած ետ նայելով) Գուժկա՛ն...

ՌՈՒԶԱՆ. — (*հարելով Ներսեհին*) Աստվա՛ծ իմ:

ՄԱՄՔԱՆ. — (*սարսափած*) Այս ի՞նչ է պատահել:

ՁԱԼԱԼ. — (*գուժկանին*) Ի՞նչ պիտի գուժես, թշվառական,ասա՛ շուտ:

ԳՈՒԺԿԱՆ. — (*բոլորին լսելի ձայնով*) Չարմաղան զորապետի եղբայր Ջոլան ահագին բանակով հասել է Առջաձոր. նրա գունդերից մի քանիսը դիմում են այս ամրոցը, իսկ ասպատակները ցրվեցան դեպի գյուղերը: Թշնամու անցած տեղերը Գետաբակ, Շամքոռ, Բարտավ, ավերված և բնակիչները սրե անցած են:

ԶԱՔԱՐԵ. — (*վշտահար*) Աստվա՛ծ իմ, աստված իմ, այս ի՞նչ արիր դու: (*Ընկնում է աթոռի վրա*):

ՄԱՄՔԱՆ. — Այս ի՞նչ լսեցի. այս ինչ թշվառություն հասավ մեզ:

ՌՈՒԶԱՆ. — Ներսե՛հ... հայր իմ...

ՆԵՐՍԵՀ. — Հանգիստ եղիր, Ռուզանս, չարժե մի լուրից այդպես շուտով այլայլվիլ:

ԹԵՆԻ. — Օ՜, մեր մեղքերի համար պատժում է մեզ աստված...

ՋԱԼԱԼ. — (*կատաղի բարկությամբ*) Աստվա՛ծ իմ, աստվա՛ծ իմ, աստվա՛ծ իմ, այս ի՞նչ հարվածներ ես բերում մեր գլխին... Մի՞թե, արդարև, այս պատիժները կրելու չափ հանցավոր ենք քո առաջ... պակասե՞լ է, արդյոք, Հավիտենականի գութը, թե՞ չարարվեստ դժոխքն երկինքն է փոխադրվել... մի տարի, մի տարի անգամ այս ապաբախտ ժողովրդին միջոց չես տալիս ազատ շունչ քաշելու, և դառնության բաժակը նա մինչև մրուրն է քամում...:

ՋԱՔԱՐԵ. — (*սթափվելով*) Ջալալ, եղբայր իմ, այդ ի՞նչ ասացիր, դու հայհոյեցիր ամենակարող աստծուն:

ՋԱԼԱԼ. — Ի՞նչ, սարսափո՞ւմ ես ապագա գեհենից, մենք այստեղ արդեն դժոխքի մեջ ենք: (*Ընկնում է աթոռի վրա և գլուխը ձեռքերով բռնում*):

ՆԵՐՍԵՀ. — (*առաջ գալով*) Իշխաններ, ինչո՞ւ եք սառել, արյուն չէ՞ վազում ձեր երակներում: Գերվելո՞ւ եք սպասում, թե՞ երկնքից օգնության:

ՍՄԲԱՏ. — Ի՞նչ կարող ենք անել այս անակնկալ ժամուն:

ՆԵՐՍԵՀ. — Ինչ կարող ենք անե՞լ... Եվ այդ դո՞ւ ես ասում, Սմբատ իշխան, մի՞թե քո նախահարց փառքը քո ձեռքով ես կամենում մրոտել: Կռվի դաշտը ընդարձակ է, սուր և մահ... ահա մեր գործը:

ՌԻՄԵԿ. — Ինչ կամենում եք անել, խոհեմությամբ արեք, որ թշվառությունը չծանրանա մեր գլխին:

ՆԵՐՍԵՀ. — (*բարկացած*) Հեռո՛ւ, վատարանց, խոհեմության մասին միայն դու մտածիր...

ՁԱԼԱԼ. — (*բարձրանալով աթոռից*) Եվ իրավ, իշխաններ, ինչո՞ւ եք սառել: Մի՞թե մահն այդքան վախեցնո՞ւմ է ձեզ: Մեր մանկությունը պատել են արյունոտ խանձարուրում, մեր հասակն աճել է կռվի արհավիրներում, հոգիներս էլ պիտի փչենք ռազմի դաշտի վրա: Թշնամու սրին, մինչև նրա մեզ հասնելը, զոհվել են արդեն բյուր մեզ նմաններ, ինչո՞ւ, ուրեմն, հապաղենք մեր եղբարց բախտին կցորդ լինելու: Օն ա՛նդր, դեպի սուր. անպաշտպան ժողովուրդը սպասում է մեզ:

ՆԵՐՍԵՀ. — (*սուրը հանելով*) Դեպի սուր, քաջե՛ր:

ԲՈԼՈՐԸ. — (*սրերը հանելով*) Դեպի սո՛ւր և դեպի մա՛հ:

Վարագույր

ԱՐԱՐՎԱԾ ԵՐՐՈՐԴ

Տեսարանը ներկայացնում է Խոխանաբերդ ամրոցի տակ մի հովտաձև դաշտավայր՝ մի կողմից բարձրացած բլրակով, որի ստորոտում զարկած է զորապետի շքեղ ու ընդարձակ խորանը: Նրա մեջ նստած են Ջոլա և Բուրա-Նուին, ետևները կանգնած ունենալով մի-մի սպառազինյալ թիկնապահ: Խորանի հատակը ծածկված է զորգով, որի վրա ձգված են մի քանի թավշյա օթոցներ: Դրանցից մինի վրա չոքած է

Համտունը: Զորապետի խորանից հեռու, դաշտավայրի երկարությամբ, զարկած են զորքերի բազմաթիվ վրաններ, որոնց մոտերքը անցուդարձ են անում զինվորներ:

ՏԵՍԻԼ Ա

ԶՈԼԱ, ԲՈՒՐԱ - ՆՈՒԻՆ, ՀԱՄՏՈՒՆ, երկու թիկնապահ

ԶՈԼԱ. — (*Համտունին*) Այո՛, Ջալալ-Տոլան այս անգամ արդեն գործել է այնպիսի հանդգնություն, որը մենք նրան չի պիտի ներենք: Համարձակվե՞լ թաթարաց զորքերը ջարդե՞լ, այն զորքերը, որոնք իմ եղբոր՝ Չարմաղանի ամենաընտիր գնդերն էին կազմո՛ւմ. այդ աններելի է հավիտյան:

ԲՈՒՐԱ. — Եվ հանդգնել մեր գնդապետներին բանտարկել յուր ամրոցո՞ւմ:

ԶՈԼԱ. — Արդյոք ձեր լեռներում ի՞նչ էին մտածում մեր մասին: Մի՞թե կարծում էին թե՝ թաթարաց ուժը սպառվել, կամ նրանց սուրը հողի մե՞ջ է թաղվել:

ՀԱՄՏՈՒՆ. — Ո՛չ այս և ո՛չ այն, պայծառափայլ տեր: Մեր լեռներում բոլորն էլ գիտեն, որ թաթարաց ուժը անսպառ է, և նրանց սուրը՝ միշտ փայլուն և հատու: Միայն իշխաններն են, որոնք երբեմն թեթև հաջողություններից շլանալով՝ մոռանում են պարտ ու պատշաճ հարգանքը տալու թե՛ հզոր իշխաններին (*գլուխը խոնարհելով*) և թե մեծ խանին: Եվ եթե այդ իշխանների մեջ գտնվում են այնպիսիներն, որոնք ձեր մեծությանց զորությունը ճանաչելով՝ ծառայում են խանին հավատարմությամբ, դրանք էլ, դժբախտաբար, ծաղրի են ենթարկվում ստահակ իշխանների կողմից:

ՋՈԼԱ. — Այդպիսի ջերմեռանդ և մեզ հավատարիմ իշխաններից մինը դու ես, հավատացած եմ:

ՀԱՄՏՈՒՆ. — (*խոնարհությամբ*) Մինչև այսօր իմ պարտքից ավելի ոչինչ չեմ արել:

ՋՈԼԱ. — Մեզ էլ հենց այդ է հարկավոր: Ով որ ճանաչում է յուր պարտքը, նա էլ վայելում է իրավունքներ: Մենք, իհարկե, չենք թողնի, որ քեզ նման հավատարիմները ճնշվին ստահակներից: Մենք քեզ ոչ միայն կպաշտպանենք, այլև կհասցնենք բարձր աստիճանի: Քո հավատարմությունը մեզ հայտնի եղավ ա՛յն ժամանակ, երբ սուրհանդակդ հասնելով Սնան՝ գուժեց եղբորս՝ մեծ զորապետ Չարմաղանին յուր գունդերի ջարդվիլը: Մենք իսկույն առինք մեր զորքերը և մտինք Արցախ: Տիրելով Ջալալի մի քանի գավառներին, այսօր ահա գտնվում ենք նրա ամրոցի առաջ: Այսուհետև արդեն դու պետք է մեզ առաջնորդես: Եթե քո խորհուրդը կօգնե մեզ՝ Ջալալի բերդն առնելու, այն ժամանակ ես նրանից կխլեմ Աղվանից բոլոր իշխանությունը և կհանձնեմ քեզ: Եվ որպեսզի դու այլևս հակառակորդ չունենաս, ես կզերեմ ինձ հետ այն բոլոր իշխաններին, որոնց ցույց կտաս:

ՀԱՄՏՈՒՆ. — Պատրաստ եմ ծառայելու մեծափառ խանին:

ՋՈԼԱ. — Առավոտվանից արդեն մեր զորքերը պաշարել են Խոխանաբերդը և մի քանի անգամ էլ հարձակվել են նրա մատչելի կողմերի վրա: Բայց, ինչպես տեսնում եմ, ներսի դիմադրությունը բավական զորեղ է: Ասա՛ ինձ, որքա՞ն զորք ունի Ջալալն յուր ամրոցում:

ՀԱՄՏՈՒՆ. — Հինգ հարյուր զինվորից ավելի չկա, բայց այդ էլ մեծ ուժ է, քանի որ նրանց կառավարում են փորձառու և ընտիր զորապետներ:

ՋՈԼԱ. — Այսինքն ովքե՞ր:

ՀԱՄՏՈՒՆ. — Առաջին՝ իշխան Հասան-Ջալալը, որ հուսաբեկ զինվորին իսկ հոգի է ներշնչում: Երկրորդ՝ նրա եղբայր ծերունի Զաքարեն, որի մազերը սպիտակել են պատերազմների մեջ, և երբեք չի հաղթվում ա՛յն գունդը, որին նա առաջնորդում է: Երրորդ՝ Գուգարաց Սմբատ իշխանը, որ լեռնականների ահ ու սարսափն է: Չորրորդ՝ Ձորոգետի Ներսեհ իշխանը, որ նշանավոր է յուր միշտ աներկյուղ, և նամանավանդ հանդուգն քաջությամբ. և հենց այս վերջինն էր, որ ձեր գունդերը ջարդեց Մռավի մոտ:

ԲՈՒՐԱ. — Եվ մենք, ուրեմն, այդ վերջինին գլխատման կարժանացնենք. իսկ մնացյալները գերի վարվելով՝ կարող են մեզ ծառայել Սմրղանդի բաղնիքներում:

ՋՈԼԱ. — Բայց ինչո՞ւ այդ իշխանները հենց այս միջոցին հավաքվել են այդտեղ: Մի՞թե Ջալալը մեր գալուստը գիտեր:

ՀԱՄՏՈՒՆ. — Ո՛չ, տեր իմ. նրանցից մի երկուսն յուր ազգակիցներն են, որոնք գրեթե միշտ գտնվում են իշխանի հետ, մյուսները հրավիրված են, որովհետև իշխանը հարսանիք ուներ:

ՋՈԼԱ. — Հարսանի՞ք:

ՀԱՄՏՈՒՆ. — Այո՛:

ՋՈԼԱ. — Որդի՞ն է ամուսնացնում:

ՀԱՄՏՈՒՆ. — Ո՛չ, տեր իմ. որդիքն անչափահաս են. նա ամուսնացնում է դուստրը:

ՋՈԼԱ. — Ու՞մ հետ:

ՀԱՄՏՈՒՆ. — Զորագետի Ներսեհ իշխանի, որի համար ասացի թե՝ ձեր բանակը ջարդողն էր: Նա Ջալալի աղջիկն առնում է իբր մրցանակ յուր հաղթության:

ՋՈԼԱ. — Մի՞ թե. ուրեմն մենք նրա համար ավելի լավ հարսանիք կանենք, քան կարող էր անել Հասան-Ջալալը:

ԲՈՒՐԱ. — (*խղճահարվելով*) Բայց ինչ որ էլ լինի, հորեղբայր, պետք է խոստովանել՝ որ մեր արշավանքը վատ ժամանակ պատահեց: Ես, գոնե, չէի կամենալ՝ այսքան անգթաբար խանգարել մի ուրախություն: Ես խղճում եմ Ջալալին:

ՋՈԼԱ. — Քեզ պես երիտասարդին բնական է խղճահարվիլը. բայց երբ իմ հասակը կառնես, այն ժամանակ կցանկանաս ավելի արդարությամբ պատժել՝ քան թուլությամբ խղճահարվիլ:

ՀԱՄՏՈՒՆ. — Ճիշտ ես հրամայում, տեր. որովհետև Ջալալը նույնպես կարող էր խղճալ ձեր զորքերին և չկոտորել տալ նրանց. բայց նա հակառակն արավ, համոզված լինելով թե՝ արդարությամբ պատժում է յուր թշնամիներին:

ՋՈԼԱ. — Կեցցես, իշխան, դու արժանի ես Աղվանից տիրապետը լինելու. և ես այդ պատվին կարժանացնեմ քեզ: Միայն ասա, իրա՞վ, որ լսածիս չափ մեծ գանձեր ունի ձեր Ջալալ-Տոլան:

ՀԱՄՏՈՒՆ. — Գրեթե այնքան, որքան կարող էր ունենալ մեծափառ խանը:

ՋՈԼԱ. — Ճշմարի՞տ:

ՀԱՄՏՈՒՆ. — Ստել քո մեծության առաջ ինչպե՞ս կհամարձակվիմ:

ՋՈԼԱ. — (*ուրախությամբ*) Ա՛հ, ուրեմն մենք այս բերդի

ստորոտից հեշտությամբ չենք հեռանալ: Մենք կբանանք Ջալալի սնդուկները և կիրամայենք հենց իրեն՝ իշխանին, փոխադրել յուր գանձերը մեր լայն քսակները:

ԲՈՒՐԱ. — Հորեղբայր, միթե կարծում ես, թե այդ գանձերի մեջ կարող ես գտնել մի այնպիսի հազվագյուտ բան, որ մեր Թաթարստանը չունենա՞ր: Չարժե ուրեմն այդքան ուրախանալ այն բանի համար, որից ինքդ շատ ունիս:

ՋՈԼԱ. — Երիտասարդ ես, Բուրա, երիտասարդ: Երբ ինձ պես վաթսուն տարիքդ կառնես, այն ժամանակ, եթե կենդանի լինեմ, կհարցնեմ. «Ինչպե՞ս է, որդի, քո բարեկամությունը ոսկվո հետ», և դու կպատասխանես՝ «մտերմական է, հորեղբայր»:

ՀԱՄՏՈՒՆ. — (*Բուրային*) Ջալալի գանձերի մեջ, տեր-Նուին, դուք, արդարև, չեք գտնիլ այնպիսի մի հազվագյուտ բան, որից հարուստ Թաթարստանը չունենար. բայց յուր սնդուկներից դուրս նա ունի մի այնպիսի գանձ, որի նմանը, արդարև, մեծ Թաթարստանը չունի. և արժե, տեր, որ այդ գանձը դո՛ւ ունենաս:

ՋՈԼԱ. — (*հետաքրքրությամբ*) Ինչպիսի՞ գանձ է այդ:

ՀԱՄՏՈՒՆ. — Մի աղջիկ, որ հրեշտակից ավելի գեղեցիկ է և արշալույսից ավելի հրաշալի:

ՋՈԼԱ. — (*տեղը հանգստանալով*) Ա՛, հասկացա, դատարկ բան է:

ԲՈՒՐԱ. — (*լարված հետաքրքրությամբ*) Մի աղջիկ, որ հրեշտակից ավելի գեղեցիկ է և արշալույսից ավելի հրաշալի՞, և անո՞ւնը...

ՀԱՄՏՈՒՆ. — Ռուզան:

ԲՈՒՐԱ. — Որ դեռ ամուսնացած չէ՞:

ՀԱՄՏՈՒՆ. — Որի հարսանիքն էր այս օրերս, բայց այդ հարսանիքը ձեր գալովը խանգարվեց:

ԲՈՒՐԱ. — Ասացիր, որ շա՞տ է գեղեցիկ:

ՀԱՄՏՈՒՆ. — Ամբողջ Թաթարստանը կնախանձի քեզ, տեր, եթե նրան քո ամուսին տեսնե:

ԲՈՒՐԱ. — (*ոգևորված*) Այդ գեղեցկուհին իմը կլինի: Եթե բոլոր աշխարհն անգամ ինձ ընդդիմանա, այսուամենայնիվ, ես նրան կառնեմ: (*Դառնալով դեպի Զոլան*) Հորեղբայր, ի՞նչ կասեիր, եթե ես իմ հոր՝ Չարմաղանի կողմից հրամայեի բերդի պաշարումը վերցնել և Ջալալ իշխանի դուստրը ինձ կնության առնելով՝ բարեկամություն հաստատեի նրա հետ և մեր զորքերը նրա երկրից հանեի:

ՀԱՄՏՈՒՆ. — (*ինքն իրեն վախեցած*) Ի՞նչ է ասում...

ԶՈԼԱ. — (*նեղանալով*) Հապա ո՞ւր կմնա քո հոր զորքերի ջարդվելու վրեժը և այս բանակի այսքան ժամանակ հոգնեցնելու արդյունքը:

ՀԱՄՏՈՒՆ. — (*Բուրային*) Տեր-Նուին, Ռուզանն առանց այն էլ քոնը կլինի. բայց պետք է քո հոր համար էլ բաժին տանես Ջալալի գանձերից: Առանց օժիտի աղջիկ չեն առնիլ, այն էլ ամենահարուստ հայ իշխանի աղջիկը:

ԲՈՒՐԱ. — Իրավունք ունիս: Բայց քանի որ, քո ասելով, այդքան զորություն կա Ջալալի բերդում, ուրեմն ո՛չ մեր զորքերը նրա բերդը կառնեն, և ո՛չ էլ ես՝ նրա աղջիկը:

ՀԱՄՏՈՒՆ. — Երկար պաշարումը կստիպե նրանց անձնատուր լինել:

ԲՈՒՐԱ. — Նախ՝ մենք չենք կարող երկար ամիսներով նստել այս բերդի տակ: Երկրորդ՝ պաշարյալները կարող են համառիլ և սովից մեռնիլ:

ԶՈԼԱ. — Ավելի լավ. թող բոլորը կոտորվին: Այն ժամանակ մեր զորքերը անաշխատ կառնեն բերդը:

ԲՈՒՐԱ. — Բայց ես չեմ կամենում, որ այն աղջիկը ևս սովից մեռնի ամրոցում:

ՀԱՄՏՈՒՆ. — Ուրեմն, եթե ինձ կլսեք, ես ձեզ կտամ մի խորհուրդ, որով հեշտությամբ ձեր նպատակին կհասնեք:

ԶՈԼԱ. — Ասա՛ տեսնեմ:

ՀԱՄՏՈՒՆ. — Հրամայեցեք այս շրջակա հայ գյուղերից հավաքել հազար հոգի, կին թե տղամարդ, աղջիկ թե երիտասարդ, մանուկ թե ծեր: Դրանց բոլորին ձեռնկապ կանգնեցնել տվեք այս հովտում, որ հանդիպակաց է Ջալալի պալատին: Հազար կապյալների ետևում թող կանգնեն հազար սուսերամերկ զինվորներ: Ապա պատգամ ուղարկեցեք Ջալալին և հայտնեցեք նրան ձեր մեծության հրամանը, այն է՝ հանձնել ձեզ բերդը և յուր դուստրը: Եթե կհամաձայնի՝ բարի, եթե ոչ՝ հենց որ պատգամավորը կվերադառնա բացասական պատասխանով, իսկույն կհրամայեք հազար կապյալները կոտորել: Այս միջոցը դուք գործ կդնեք ամեն օր, մինչև որ կամ Ջալալը յուր հպատակների կոտորածը դադարեցնելու համար կհանձնե ձեզ բերդը և կամ ներսի իշխանները ապստամբելով՝ ամրոցը կմատնեն ձեզ:

ԲՈՒՐԱ. — Այդ հնարը լավ է, բայց չափազանց անգութ է:

ՀԱՄՏՈՒՆ. — Քո մեծությունը չէ ճանաչում հայի համառությունը:

ԶՈԼԱ. — Անշուշտ, որովհետև այս առաջին անգամն է, որ սա գործ ունի ձեր կամակոր ազգի հետ:

ԲՈՒՐԱ. — Լավ, թող այդպես լինի:

ԶՈԼԱ. — (*դառնալով յուր թիկնապահին*) Զափա՛ր, շուտով հասիր մեր պաշարող զորքերին և ասա Գիուզ զորապետին, որ հարձակումը դադրեցնե. ապա թող գյուղերից ժողովել տա հազար հոգի և ամեն բան կարգադրե այնպես, ինչպես իշխանն ասաց: Դեհ, շուտ:

ՋԱՖԱՐ. — Այս րոպեին, տե՛ր:

(*Դուրս է գնում*):

ՏԵՍԻԼ Բ

ՁՈԼԱ, ԲՈՒՐԱ - ՆՈՒԻՆ, ՀԱՄՏՈՒՆ,
երկու թիկնապահ և մի բարապան

ԲԱՐԱՊԱՆ. — (*ներս մտնելով*) Պայծառափայլ տյարք, ձեր մեծության ներկայանալու համար եկել են Ջալալ իշխանի մարդիկ՝ ընծաներով, կհրամայե՞ք ընդունել և բերել նրանց այստեղ:

ՁՈԼԱ. — Ընդունի՛ր: (*Բարապանը դուրս է գնում*) Անշուշտ խաղաղություն խնդրելու համար են եկել: Բայց ես նրանց և ոչ մի առաջարկությունը պիտի ընդունեմ: Ինձ հարկավոր է Ջալալի ամրոցն, որ այս երկրի ապստամբության ծննդարանն է, և որն ես հիմնահատակ պիտի անեմ: Իսկ իշխանի գանձերն առանց յուր բարեհաճ կամացն իսկ մերը կլինին: Այս բերվածները դեռ կընդունինք իբրև առհավատչյա:

ՀԱՄՏՈՒՆ. — Այո՛ տեր, դուք զրկած կլինիք ձեր բանակը

հարուստ ավարից և ձեր քսակներն՝ անգին գանձերից, եթե նրա խաղաղության առաջարկությունն ընդունեք, կամ բավականանաք նրա ղրկած ընծաներով, որոնք, անշուշտ, ոչ այլ ինչ են, եթե ոչ նրա իշխանազն հյուրերի գրպանների թափթփուկը:

ԲՈՒՐԱ. — Իսկ որ ամենից ավելի է, մինչև որ նրա դուստր Ռուզանն իմ վրանը չբերվի, և ոչ մի խաղաղության դաշն պիտի կռվի: Ռուզանն առնելուց ետ՝ մենք ձեռք չենք տալ նրա ամրոցին. ես իմ հոր անունով կշնորհեմ Ջալալին յուր ազատ իշխանությունը:

ՋՈԼԱ. — Բուրա՛, ուրեմն դու կամենում ես իմ դիտավորությունը խանգարե՞լ և մի հայի աղջկա համար զոհում ես պատիվը քո հոր, որի զորքերը հենց այս իշխանի հրամանով այնպես անգթաբար ջարդվեցան, և որոնց վրեժը դու պարտավոր ես լուծել:

ԲՈՒՐԱ. — Դու արյուն խմելով ես ծերացել, Ջոլա հորեղբայր, և չես կշտանալ, եթե երկրի երեսի բոլոր քրիստոնյաների արյունը ծծես: Բայց ես բավական եմ համարում այն կոտորածն, որ մինչև այստեղ հասնելնիս մեր զորքերն արին: Այդ էլ բավական մեծ վրեժ էր մեր ջարդված զորքի համար: Ես վճռել եմ:

ՀԱՄՏՈՐԻՆ. — Տեր-Նուին, եթե դու այս անգամ հաճիս Ջալալին շնորհել յուր իշխանությունը, դրանով այս կողմերում թաթարաց համար կպատրաստես մի անպարտելի թշնամի: Եթե Ջալալն այժմ խաղաղություն է խնդրում, այդ նրա համար է, որ ձեր բանակները հանկարծ վրա հասան, և նա խնջույքով պարապած լինելով՝ ժամանակ չունեցավ պատրաստվելու: Բայց եթե նրա աչալուրջ ժամանակ այս երկիրը մտնեիք, դուք այստեղ կգտնեիք այնպիսի դիմադրություն, որի նմանին թաթարը չէ հանդիպել ոչ մի տեղ:

ԶՈԼԱ. — (*Բուրային*) Ինչպե՞ս ես գտնում այս հայի խորհուրդը, որ ինձանից ու քեզանից ավելի լավ է ճանաչում յուր ազգն ու իշխաններին:

ԲՈՒՐԱ. — (*անուշադիր աչքերը խորանի դռանը սևեռած*) Քո խոստման համաձայն՝ իրեն նպաստավոր, իսկ մեզ՝ աննպաստ: Բայց ահա գալիս է Ջալալի պատգամավորը, թող նրան լսենք:

ՀԱՄՏՈՒՆ. — (*ինքն իրեն*) Չէ հաջողվում: Ի՞նչ հիմարություն արի Ռուզանի անունը հիշելով: (Դեպի դուռը): Ա՜հ Զաքարե իշխանը...

ՏԵՍԻԼ Գ

ԶՈԼԱ, ԲՈՒՐԱ - ՆՈՒԻՆ, ՀԱՄՏՈՒՆ, երկու թիկնապահ
մի բարապան, ԶԱՔԱՐԵ, հինգ ընծայակիրների
և մի դրոշակակրի հետ

ԶԱՔԱՐԵ. — (*մտնելով և խորը գլուխ տալով, որի ժամանակ դրոշակիրը դրոշը խոնարհում և այնպես պահում է մինչև խոսակցության վերջը*): Տեր-զորապետ, տե՛ր Նուին, իշխան Հասան-Ջալալ-Տոլան խոնարհ բարեկամությամբ ողջունում է ձեր մեծության մուտքը մեր երկիրը: Եթե այսօրվանից ձեր մի քանի գունդերը հարձակված չլինեին մեր բերդի վրա, մենք ձեր գալուստը կընդունեինք իբրև շնորհաբեր այցելություն խանի հեռավոր կալվածներին: — Բայց որովհետև այդ հարձակումը տեղի ունեցավ, ուստի մենք ստիպվեցանք պաշտպանվել: Բայց իշխան Ջալալ-Տոլան բնավ չէ ցանկանում սրով դիմադրել խանի զորքերին, ըստ որում նրան ծանոթ է ձեր սրի ուժը և հաջողությունը: Ուստի խոնարհելով ձեր զորության առաջ, իմ բերանով խնդրում է, որ բարեհաճեք նվիրել իրեն ձեր թանկագին բարեկամությունը և յուր երկրից հանել ձեր զորքերը: Դրա փոխարեն նա խոստանում է յուրաքանչյուր տարի վճարել վեհափառ խանին ձեր կողմից որոշված հարկը: Իսկ առայժմ խնդրում է ընդունել այս (*ցույց տալով ընծաները*) առհավատչյան:

ՋՈԼԱ. — Ես ընդունում եմ Հասան-Ջալալի ուղարկած ընծաները. (*ընծայակիրներն ընծաները դնում են գետնին*) և նրա խոնարհած դրոշը. բայց սպասում եմ, նաև, բերդի բանալիներին և յուր դուստր Ռուզանին, իմ եղբորորդի Բուրա-Նուինին (*ցույց տալով Բուրային*) կնության համար: Սրանք դրկելուց ետ՝ նա յուր իշխաններով կիջնե իմ բանակը՝ անձամբ յուր իշխանությունը իմ ձեռը հանձնելու, որովհետև ես այն պիտի տամ առավել արժանավոր (*ցույց տալով Համտունին*) մարդու...

ՋԱՔԱՐԵ. — (*խոնարհած դրոշը խլելով, կանգնում է հաղթական ձևով և ապա նայում է Համտունին, որին մինչև այն չէր նշմարել*) Ա՛... դու այստե՞ղ ես... այդ դո՞ւ ծանոթացրիր նրանց Ջալալի դստեր հետ:

ՀԱՄՏՈՒՆ. — (*իբր անտարբերությամբ*) Այո՛:

ՋԱՔԱՐԵ. — Եվ ո՞ր սատանան ներշնչեց քո մեջ այդ գարշելի մատնությունը:

ՀԱՄՏՈՐՆ. — Նա, որին դու քեզ եղբայր ես անվանում:

ԶԱՔԱՐԵ. — Թող դժոխքը վարձատրե քեզ, հայրենիքի դավաճան:

ԶՈԼԱ. — (*Զաքարեին*) Իմ ներկայությամբ համարձակվում ես հայհոյել իմ հյուրի՞ն:

ԶԱՔԱՐԵ. — Ես հայհոյում եմ վատարանց մատնիչին:

ԲՈՒՐԱ. — Պատգամավոր, դու ուշանում ես. քո իշխանն սպասում է քեզ: Գնա՛ և հայտնիր նրան Զոլա զորապետի պատասխանը: Իսկ իմ՝ Չարմաղանի որդվո Բուրա-Նուինի կողմից ավելացրու, որ ես իմ հոր անունով կշնորհեմ Ջալալին յուր ազատ իշխանությունը, եթե միայն նա կհամաձայնվի կնության տալ ինձ յուր Ռուզան դուստրը: Իսկ եթե ոչ, հենց որ մեր պատգամավորը կվերադառնա բացասական պատասխանով, մենք կսկսենք կոտորել ա՛յն հազար կապյալները, որ այդ իսկ նպատակով ժողովել պիտի տանք այստեղ: Եվ այդ կոտորածը մենք կշարունակենք ամեն օր, մինչև որ Ջալալը կզիջանի մեր կամքին: Այժմ ազատ ես, գնա՛: (*Դառնալով յուր թիկնապահին*): Աբու, ընկերացի՛ր պատգամավորին և նրա իշխանի պատասխանը բեր մեզ շուտով:

ԱԲՈՒ. — Գլխիս վրա, տեր:

ԶՈԼԱ. — (*հուզված*) Բուրա, դու շատ ողորմածությամբ ես վարվում քո հորդ անարգող թշնամու հետ:

ԲՈՒՐԱ. — Ես այդպես եմ կամենում: (*Զաքարեին*): Դու ազատ ես (*Զաքարեն դրոշակը ձեռքին շրջում է ելնելու յուրայիններով*):

ԶՈԼԱ. — (*բարկությամբ Զաքարեին*) Կամակո՛ր հայ, դու չլսեցի՛ր, երբ քեզ ասացի թե՝ ընդունում եմ ընծաները...

ԶԱՔԱՐԵ. — (*ցույց տալով ընծաները*) Ահա՛ ընծաները:

ԶՈԼԱ. — Եվ դրոշա՛կը:

ԶԱՔԱՐԵ. — Երբ իմ իշխանապետի առաջարկությունը չնդունեցիք, դրոշակն ազատ եմ պիտի դարձնեմ նրան:

ԶՈԼԱ. — (*կատաղությամբ*) Հանդգնում ես մինչև այդտեղ. (*թիկնապահ Արուին):* Առ դրա ձեռքից այդ դրոշակը: (*Թիկնապահը մոտենում է խլելու*):

ԶԱՔԱՐԵ. — (*ձախ ձեռքով մի կողմը հրելով թիկնապահին*) Հեռո՛ւ այդ պիղծ ձեռքերով... առաջ հոգիս այս մարմնից, հետո դրոշակն իմ ձեռքից:

ԶՈԼԱ. — Հոգիդ կքաղեն հենց այս րոպեին: (*Կոչելով դեպի դուրսը*): Զինվորնե՛ր (*Ներս են թափվում մի քանի սուսերամերկ զինվորներ*): Սատակեցե՛ք այդ անզգամին: (*Զինվորները բարձրացնում են սրերը, Զաքարեն աներկյուղ կանգնած է նրանց մեջ*):

ԲՈՒՐԱ. — (*շտապով վեր թռչելով տեղից և բարկացած դեպի զինվորները գոչելով*) Դարձրե՛ք սրերդ իրենց պատյանները: (*Զոլային*): Հորեղբայր, ինչո՞ւ չես հարգում զինաթափ ծերությունը: Մի՞թե մենք իրավունք ունինք սպանել ա՛յն մարդուն, որ մեր մեծահզորության վրա վստահանալով՝ մտել է մեր վրանը իբրև մի ապահով տեղ: (*Զինվորներին*): Դո՛ւրս կորեք և չհամարձակվեք այսուհետև սուր բարձրացնել անզեն մարդու վրա:

(*Զինվորները դուրս են գնում*):

ԶՈԼԱ. — (*բարկությամբ և ինքն իրեն*) Ահա՛ իմ եղբոր անմտության հետևանքը... ո՞վ է տեսել, որ մի համբակ այս իրավունքը բանեցնե...

ԶԱՔԱՐԵ. — (*Բուրային*) Գերազնիվ տեր, մատուցանում եմ քեզ իմ անկեղծ հարգանքը: Դու արժանի ես իշխելու, որովհետև մեծահոգի ես և գիտես հարգել պատգամավորի իրավունքը: Եթե մենք սուր ի ձեռին կռվելու լինինք քո դեմ, դարձյալ քո արժանիքը պիտի մեծագրենք... մնաս բարյավ: (*Դուրս է գնում յուրայիններով*):

ՋՈԼԱ. — (*բարկությամբ բորբոքված*) Բուրա՛, դու անարգեցիր քո հորեղբորն օտարի և յուրայինների առաջ:

ԲՈՒՐԱ. — Ընդհակառակը, հորեղբայր, ես քեզ ազատեցի մի անպատվությունից, որ նաև մեր սուրն ու անունը պիտի արատավորեր:

ՀԱՄՏՈՒՆ. — (*ինքն իրեն*) Այս էլ բավական է, որ Ջալալի աղջկան Թաթարստան կուղարկեմ:

Վարագույր

ԱՐԱՐՎԱԾ ՉՈՐՐՈՐԴ

ԱՌԱՋԻՆ ՊԱՏԿԵՐ

Ջալալ իշխանի խորհրդարանը, աջ ու ձախ բացվում են երկու խոր, ընդարձակ դռներ, որոնք ծածկված են վարագույրներով: Սենյակի մեջտեղը սեղան և աթոռներ:

ՏԵՍԻԼ Ա

ՌՈՒԶԱՆ (*խիստ վրդովված*)

Եվ ուրեմն այսպես. թշնամին չէ զոհանում մեր հպատակությամբ և դրկած ընծաներով. նա ինձ էլ պահանջում է յուր կնության. հակառակ դեպքում սպառնում է կոտորել հազարավոր անմեղներ... Եվ այս դժոխային լուրը ես լսեցի իմ ականջով, թեպետև ջանացին ծածկել: Այո, լսեցի. սա ուրեմն երազ չէ և ոչ էլ ցնորք... վշտերից ծանրագույնը հասնում է ինձ հենց այն օրը, երբ ես այնքան մոտ էի երջանկությանը... Ո՜վ դառն ճակատագիր... Ուրեմն ես, դժբախտության աղջիկս, պատճառ պիտի լինիմ արյունահեղ կոտորածի՞. ես, որ մանկությունից սովորել եմ ծառայել իմ հոր ժողովրդին. ես, որ խնամել եմ նրա որբը, մխիթարել այրին, պատսպարել աղքատին. ես, որ անքուն հսկել եմ հիվանդների մահճի մոտ և իմ ձեռոք սրբել այնքա՜ն շատ արտասուք. այսօր, ուրեմն, պատճառ պիտի լինիմ արյան ու անեծքի... օ՜հ, ո՜չ. անկարելի է. այդ չի պիտի լինի... իմ աչքերը չեն տեսնիլ աղպիսի աղետ...եթե պետք է զոհ, ապա թող զոհեն ինձ, թող ուղարկեն թշնամուն, թող մատնեն ինձ թաթարին, ես չեմ տրտնջալ. և ոչ էլ կհակառակեմ, միայն թե աղետը վերանա ժողովրդից... միայն թե նրա լացի ձայնը չհասնե իմ ականջին: Ո՞վ է գալիս այստեղ: (*Նայելով վարագույրի ետևից*) Հայրս և իշխանները. գալիս են խորհրդի. պահվիմ այստեղ, տեսնեմ՝ ինչ են որոշում...

(*մտնում է աջ դռան վարագույրի ետևը*):

ՏԵՍԻԼ Բ

ՋԱԼԱԼ, ՋԱՔԱՐԵ, ՆԵՐՍԵՀ, ՄԱՄՔԱՆ, ՍՄԲԱՏ,ՈՒՄԵԿ,ՊԱՊԱՔ

ՈՒՄԵԿ. — (*Ջալալին*) Այսպես է, իշխան, դրությունը ծանր է, պետք է շտապել մի ելք գտնել:

ՋԱԼԱԼ. — (*մտախոհ և տխուր*) Պետք է շտապել, այո՛: Բայց խնդիրն այն է, որ շտապելով էլ չենք կարող ելք գտնել:

ՋԱՔԱՐԵ. — Դանդաղելով նույնպես չենք շահիլ ոչինչ:

ՈՒՄԵԿ. — Ուրե՞մն:

ՋԱՔԱՐԵ. — Պետք է որոշենք թե՝ չարիքներից ո՞րն է փոքրագույնը, և այն էլ ընտրենք:

ՋԱԼԱԼ. — Թշնամու պահանջը պարզ է. երկուսից մինը պիտի զոհենք՝ կա՛մ ժողովուրդը, կա՛մ իմ Ռուզանը:

ՄԱՄՔԱՆ. — (*վշտահար*) Իմ Ռուզա՞նը... Օ՛, մի ասեք այդ, մի՛ արտասանեք նրա անունը:

ՋԱԼԱԼ. — Ուրեմն որոշեցեք. ո՞րն է փոքրագույնը... (*ամենքը լուռ են*): Ինչո՞ւ չեք խոսում... (*դառը ժպիտով*) Հո ամենքդ գիտեք, որ մի հատ ոսկին ավելի քիչ արժե, քան թե հազարը:

ՋԱՔԱՐԵ. — Եղբա՛յր իմ...

ՋԱԼԱԼ. — Անանիա Շիրակացին [1] անշուշտ կտարակուսեր, եթե նրան ասեի թե՝ իմ մի ոսկին ավելի արժե, քան ուրիշների նման հազարը... Իսկ դո՞ւք, դո՞ւք ինչ եք ասում:

---

1. 7-րդ դարի հայտնի մաթեմատիկոս:

ԶԱՔԱՐԵ. — Սիրելի եղբայր, ժողովուրդը նույնպես բաղկանում է իշխանի հարազատ որդիներից. հայրը չպետք է խտիր դնե յուր զավակների մեջ:

ԶԱԼԱԼ. — Ուրեմն, քո կարծիքով պետք է մեկը զոհել՝ որ հազարը փրկվի:

ԶԱՔԱՐԵ. — Արդարությունն ու պարտքս հրամայում են ասել՝ այո՛:

ԶԱԼԱԼ. — (*եռանդով և վշտահար*) Ուրեմն ե՛ս եմ միայն, որ մեղանչում եմ պարտքի և արդարության դեմ... Օ՛, ինչպես հեշտ է դատապարտել... բայց եկեք առաջ կուրծքս պատառեցեք՝ հանեցեք այստեղից ծնողի սիրտը և նրա փոխարեն դրեք իշխանինը. այն ժամանակ գուցե հայրը չզգա ոչինչ, և իշխանն յուր դուստրը զոհե ժողովրդին: (*դառնությամբ*)... Ո՞վ արդյոք ձեզանից կարող է բանալ այս տախտակն, որ աստված ամրացրեց...

ԶԱՔԱՐԵ. — Հիշի՛ր Հեփթայեին, սիրելի եղբայր....

ԶԱԼԱԼ. — Հեփթայեն յուր աղջիկը զոհեց աստծուն, իսկ ես պիտի զոհեմ զարշելի թաթարին:

ԶԱՔԱՐԵ. — Այս զոհն էլ, անշուշտ, աստված է պահանջում:

ՄԱՄՔԱՆ. — (*հուզված*) Մի՛ ասիր այդ, սիրելի տագր, աստված անիրավ զոհ չի պահանջիլ:

ԶԱՔԱՐԵ. — Նրա խորհուրդն անքննին է և կամքն անհասանելի:

ԶԱԼԱԼ. — Եթե անքննին է, ուրեմն չքննենք և դառնանք մեր խնդրին: (*դառնալով Ներսեհին*): Դու ինչո՞ւ չես խոսում, որդյա՛կ:

ՆԵՐՍԵՀ. — Ես սպասում եմ քո հրամանին:

ԶԱԼԱԼ. — Խոսի՛ր, հայտնի՛ր քո կարծիքը: Եթե ես

կորցնում եմ իմ դուստրը, դու կորցնում ես քո կյանքի լուսատուն:

ՆԵՐՍԵՀ. — Երբե՛ք: Ավելի շուտ Խաչենը դեպի ակունքը կդառնա, քան թե Ռուզանը կխլեն իմ ձեռքից:

ՋԱԼԱԼ. — Ի՞նչ անենք ուրեմն:

ՆԵՐՍԵՀ. — Պիտի մերժենք բռնավորի պահանջը:

ՋԱՔԱՐԵ. — Պիտի մերժե՞նք:

ՆԵՐՍԵՀ. — Բացեիբաց:

ՄԱՄՔԱՆ. — Օ՛, այդպես խոսիր, սիրելի որդյակ...

ՌԻՄԵԿ. — Իսկ այդ մերժման հետևա՞նքը:

ՋԱՔԱՐԵ. — Կլինի այն, որ բռնավորը կիրամայե կապյալները կոտորել:

ՆԵՐՍԵՀ. — Մենք թույլ չենք տալ այդ:

ՋԱՔԱՐԵ. — Ի՞նչ կարող ենք անել:

ՆԵՐՍԵՀ. — Մեր ունեցած ուժերով կհարձակվենք նրա դեմ:

ՋԱՔԱՐԵ. — Բայց այդ ուժն հինգ հարյուր զինվորից ավելի չէ, մինչդեռ թշնամին մեզ պաշարել է տասնյակ հազարով: Եթե նրա հարձակումն անակնկալ չլիներ, մենք կարող կլինեինք դրսի ուժերը ժողովել և քաջաբար դիմադրել. բայց նա հասավ անսպաս և փակեց մեզ այստեղ՝ ինչպես զնդանում:

ՆԵՐՍԵՀ. — Խոխանաբերդն ամուր է և ունի առատ պաշար: Մեր զորքի մի քառորդը կարող է պաշտպանել նրան. իսկ մնացածով մենք անակնկալ թշնաու վրա կհարձակվենք և եթե չկարողանանք մեծ կոտորած անել, գոնե կպատառենք մեզ փակող շղթան և կանցնենք շուտով Խաչենի հովիտը: Այնուհետև հեշտ կլինի զորք ժողովել գավառից և անընդհատ հարձակումով նեղել թշնամուն:

ՍՄԲԱՏ. — Մինչև այն էլ Գուգարքից իմ զորքերը կհասնեն, և դրացի իշխանները մեր շուրջը կժողովվին:

ՄԱՄՔԱՆ. — Եվ աստծու աջը զորավիգ կլինի ձեզ:

ՋԱՔԱՐԵ. — Սիրելի որդյակներս, Հայրենիքի համար կռվիլը և նրա ազատության զոհվիլը մեծագույն փառքն է աշխարհի մեջ: Այդ ճիշտ է: Բայց պետք է զոհել այնտեղ, ուր հույս կա փրկության. զոհն ապարդյուն է, եթե նա յուր ետևից բերում է միայն կորուստ և թշվառություն: Մեր զորքերն, այո՛, կարող են բեկանել թշնամու շղթան. նրանք հաջողությամբ կելնեն նաև դաշտը, բայց նրանց կհետևի բազմաթիվ թշնամին: Հինգ հարյուր զինվորը չէ կարող ճակատել մի բյուր զորքի դեմ. նա փախուստ կտա կամ իսպառ կջնջվի: Բացի այդ, մենք զորաժողովի համար պետք ունինք ժամանակի. մինչդեռ թշնամին կազմ է և պատրաստ. նա ոչ միայն կխանգարե մեր զորք ժողովելն, այլև Խաչենը կավերե հիմնովին. նա սուր կքաշե անպաշտպան ժողովուրդը և գյուղերն ամեն տեղ կդարձնե մոխրակույտ: Այս ամենը պետք է դուք աչքի առաջ ունենաք:

ՋԱԼԱԼ. — Այդ ամենը, հարկավ, ես հաշվել էի վաղուց, այդ պատճառով էլ խոնարհեցա և իմ իշխանական հպարտությունը զոհեցի ժողովրդի փրկության: Ես նվեր դրկեցի թշնամուն իմ գանձի մեծ մասը և, իբրև հպատակ, խոստացա հարկ տալ խանին. բայց նա այդ ամենը առ ոչինչ դրեց:

ՋԱՔԱՐԵ. — Այդպես արավ Ջոլան: Բայց Բուրա-Նուինը, որ ըստ երևույթին, ավելի իրավունքներ է վայելում, քան ծերուկ հորեղբայրը, խոստացավ ազատել ժողովուրդը սրածությունից և թողնել քեզ ազատ քո իշխանության մեջ...

ՋԱԼԱԼ. — Բայց դրա համար խնդրում է իմ դուստրը իբրև փրկանք:

ԶԱՔԱՐԵ. — Այո՛:

ՋԱԼԱԼ. — Օ՛, և ի՛նչ քիչ բան է խնդրում: Եվ Հասան-Ջալալը պիտի ստորացնե իրեն ա՛յն աստիճան, որ յուր իսկ ձեռով հանձնե թաթարին յուր հրեշտակ աղջկա՞ն: Ոչ. այդ չի լինի: Ես կամենում էի, արդարև, ձեր բոլորի խորհուրդը լսել, որպեսզի իմանայի, թե քանի՞սը ձեզնից իրավունք են տալիս հորը՝ պաշտպանել դստերը: Այժմ գոհ եմ տեսնելով, որ միայն դո՛ւ ես զլանում ինձ այդ իրավունքը, սիրելի եղբայր: Եվ դու, իհարկե, կատարում ես քո պարտքը: Բայց ես վճռել եմ. ես բաց աչքերով չեմ մատնիլ իմ զառը՝ անգութ զազանին, թող թաթարն յուր սուրը նախ այս կուրծքը խրե և ապա թե մարմնիս վրա կոխելով՝ իմ զանձն հափշտակե:

ՆԵՐՍԵՀ. — Մենք նրա սուրը կփշրենք յուր իսկ գլխի վրա:

ՍՄԲԱՏ. — Ուրեմն վճռված է, կանչենք թշնամու պատգամավորին և հայտնենք նրան մեր պատասխանը:

ՋԱԼԱԼ. — Հրամայի՛ր կանչել:

ՍՄԲԱՏ. — (*գնալով դեպի ձախ դուռը և վարագույրը բանալով*) Բարապա՛ն, ներս բեր պատգամավորին:

ԶԱՔԱՐԵ. — Քանի դեռ ուշ չէ, նորեն մտածեցեք. ձեր պատասխանը տալուց առաջ թող խոհեմությունս առաջնորդե ձեզ:

ՋԱԼԱԼ. — Խոհեմությունը մինչև այժմ չօգնեց մեզ, եղբայր. գործենք այժմ անխոհեմությամբ. գուցե այդպիսով բախտը ծիծաղի մեզ:

ՏԵՍԻԼ Գ

ՋԱԼԱԼ, ՋԱՔԱՐԵ, ՆԵՐՍԵՀ, ՄԱՄՔԱՆ, ՍՄԲԱՏ, ՌԻՄԵԿ,ՊԱՊԱՔ և ԱԲՌԻ

ՋԱԼԱԼ. — (*դառնալով Աբուին*) Ի՞նչ է պահանջում ինձանից քո տերը:

ԱԲՌԻ. — Քո դուստր Ռուզանը իրեն կնության:

ՄԱՄՔԱՆ. — Թող պապանձվի այդ լեզուն...

ՆԵՐՍԵՀ. — (*ձեռքը դեպի սուրը տանելով*) Դժոխքն է խոսում այս:

ՋԱԼԱԼ. — Ասա՛ այն բռնավոր գազանին, թե հենց այս րոպեին ես կիջնեմ դաշտը՝ իմ սրովս նրան պատասխանելու, դեռ այնքան թույլ չեն մեր բազուկները, որ չկարողանան տապալել իրենց թշնամուն: Գնա և հայտնիր այս քո տիրոջը:

(*Աբուն դուրս է գնում*):

ՆԵՐՍԵՀ. — (*սուրը հանելով*) Կեցցե՛ մեծ իշխանը. ահա իմ սուրը պատրաստ է նրան ծառայելու:

ԻՇԽԱՆՆԵՐ. — (*բոլորը միասին վեր կենալով և սրերը հանելով*) Կեցցե՛ մեծ իշխանը, ահա՛ և մենք՝ պատրաստ նրա հրամանին:

ՋԱԼԱԼ. — Օն ուրեմն, հառա՛ջ, իշխաններ, հրամայեցեք բանալ բերդի դռները, թող մեր զորքերը հետևին մեզ իսկույն: Եթե պիտի մեռնենք, ապա թող այդ լինի սուրը մեր ձեռին և կռվի դաշտի վրա: Անարգ կյանքից ավելի՝ ազատ մահն է գովելի. հառա՛ջ, քաջերս:

(*Բոլորը պատրաստվում են ելնելու*):

ՏԵՍԻԼ Դ

ԶԱԼԱԼ, ԶԱՔԱՐԵ, ՆԵՐՄԵՀ, ՄԱՄՔԱՆ, ՍՄԲԱՏ, ՌԻՄԵԿ,ՊԱՊԱՔ և ՌՈՒԶԱՆ

ՌՈՒԶԱՆ. — (*դուրս գալով աջ դռան վարագույրի ետևից*) Կացե՛ք, հայր իմ:

ԶԱԼԱԼ. — (*ցնցվելով*) Աղջիկս...

ՆԵՐՄԵՀ. — Ռուզան... (*բոլորը միաբերան*)

ԶԱԼԱԼ. — (*ցնցվելով*) Աղջի՛կս...

ՌՈՒԶԱՆ. — (*բոլորին*) Ո՞ւր եք դիմում, իշխաննե՛ր:

ԶԱԼԱԼ. — Թշնամու դեմ, որդյա՛կս:

ՌՈՒԶԱՆ. — Ես չի պիտի թողնեմ:

ԶԱԼԱԼ. — Հազար կապյալներ պիտի զոհվին այնտեղ՝ եթե մենք ուշանանք:

ՌՈՒԶԱՆ. — (*հանդիսավոր*) Գիտեմ. բայց նրանց ես պիտի ազատեմ:

ԶԱԼԱԼ. — Օ՜հ, աղջիկս...

ՆԵՐՄԵՀ. — Ռուզա՛ն, ի՞նչ ասացիր:

ՄԱՄՔԱՆ. — Ի՛նչ եմ լսում: (*Դիմում է դեպի Ռուզանը*): Դստրիկս, ի՛նչ ես խոսում:

ՌՈՒԶԱՆ. — Ի՞նչ, մի՞թե կարծում էիք, թե ձեր խռովության ու վրդովման պատճառները գաղտնի պիտի մնային ինձնից: Ես բոլորն իմացա: Թեպետ ինձ արգելեցիք ներկա լինել ձեր խորհրդարանում. սակայն ա՛յս հասարակաց աղետի ժամանակ՝ ես չէի կարող ձեր հրամանը ճշտությամբ կատարել: Ես պահվեցա այս վարագույրի ետև (*ցույց է տալիս աջ դռան վարագույրը*) և բոլորը լսեցի: Ես գիտեմ թե ո՞վ է այն անձն, որ Համտուն իշխանի սրտում դավաճանություն է հղացել, թե ո՞վ է նա, որ բռնավոր Ջոլայի՝ մեր երկիրը արշավելուն պատճառ է դարձել և որ հազար անմեղ կապյալների կոտորելուն էլ պատճառ պիտի դառնա... այդ թշվառն ես եմ. ես ինքս էլ, ուրեմն, իբրև հանցավոր, պատիժը կկրեմ:

ՋԱԼԱԼ. — Աղջի՛կս, ի՛նչ ես կամենում անել:

ՌՈՒԶԱՆ. — Ես պարզ խոսեցի, սիրեցյալ հայր. ես պիտի զոհվիմ. ինձ պիտի ղրկեք թշնամու բանակն և հանձնեք բռնավորին, որովհետև քո իշխանության և ժողովրդի բախտն այդ անձնազոհությունից է կախված: Իսկ ես այնքան թուլասիրտ չեմ, որ իմ հայրենիքին այսպիսի մի զոհ բերելու համար վայրկյան անգամ տատանիմ: Ես վճռել եմ:

ՋԱԼԱԼ. — Երբեք, ես այդ չեմ անիլ:

ՌՈՒԶԱՆ. — Բայց, հայր իմ, եթե դու չանես, ես պարտավոր եմ անել և դրա համար արդեն քո հրամանն ունիմ: Քանի դեռ փոքր էի, ուսուցանում էիր ինձ՝ սիրել հայրենիքը իմ անձից ավելի, և նրա բարօրության համար զոհել ամենը, ինչ որ ունիմ թանկագին: Արդ, հասել է ժամը քո պատվերը կատարելու, մի՞թե դու այժմ հակառակը պիտի խրատես...

ՄԱՄՔԱՆ. — Ա՛հ, բավական է, Ռուզա՛ն, մի՛ խոսիր, ես ցնորվում եմ...

ՌՈՒԶԱՆ. — Քո մի հատիկ դստեր համար ես ցավում, մայր իմ, այնպես չէ՞... Հապա ի՞նչ անեն ա՛յն հարյուրավոր մայրերը, որոնց որդիները մի քանի ժամից պիտի զոհվին անգութ դահիճների սրին: Ի՞նչ պիտի անեն այն հարյուրավոր հարսունք, որոնք մի ժամից պիտի այրիանան: Ո՞վ պիտի խնամե և մխիթարե այն հազարավոր մանուկներին, որոնք մի օրում պիտի որբանան... Մի՞թե արդարություն է, որ այսքան հոգիները քո դստե՞րը զոհվին: Ավելի լավ չէ՞, որ դրանց բոլորին ազատելու համար զոհվիմ միայն ես: Եվ մի՞թե դո՛ւք, որ ազգի տերն եք ու պաշտպանը, պիտի զլանա՞ք նրան այդ կարևոր շնորհը:

ՋԱԼԱԼ. — (*ձեռքով ճակատը բռնելով*) Աստվա՛ծ իմ, աստվա՛ծ իմ, ինձ դրել ես երկու սրի մեջ՝ մեկը մյուսից սայրասուր: (*Ընկնում է աթոռի վրա և գլուխը առնում ձեռների մեջ*):

ՌՈՒԶԱՆ. — Ուրեմն վճռված է. դուք սիրտ չունի՞ք ինձ հրամայելու. ես ինքս կերթամ. թող պատգամավորը ինձանից առաջ չհասնե յուր տիրոջ մոտ: (*Կամենում է դուրս գնալ*):

ՄԱՄՔԱՆ. — (*մոտենալով և Ռուզանի թևն առնելով*) Ռուզան, դստրիկս:

ՌՈՒԶԱՆ. — (*քնքշաբար մորը հեռացնելով*) Ա՛հ, մայր իմ, մի՛ խանգարիր ինձ, աղաչում եմ...

ՄԱՄՔԱՆ. — (*ավելի մոտենալով և գրկելով Ռուզանին*) Ոչ, Ռուզան, ոչ, քեզ չպիտի թողնեմ. քեզ այսպես պիտի գրկեմ, իմ կուրծքը քեզ համար պատնեշ պիտի շինեմ. թող թափվին ինձ վրա բռնավորի դահիճները, թող նրանք առաջ ինձ մաս-մաս կտրտեն և ապա թե քեզ իմ գրկից խլեն: Ես բաց աչքերով չի պիտի տեսնեմ քեզ գերի՝ անհավատ բռնավորի ձեռքում, քե՛զ, Ռուզա՛ն, որին վարդի պես պահել, վարդի պես մեծացրել եմ. դու պիտի խնայես մորդ, որի աչքերի լույսն ես, Ռուզան...

ՌՈՒԶԱՆ. — Ա՛հ, մայր իմ, մայր իմ... դու մորմոքում ես իմ սիրտը, դու թուլացնում ես իմ արիությունը...

ՄԱՄՔԱՆ. — (*աղաչավոր ձայնով դեպի իշխանները*) Իշխաններ, դուք կանգնել եք անգործ, մի թե չեք զգում մեր թշվառության ծանրությունը. փութացեք, գործեցեք՝ ինչ որ կարող եք...

ԻՇԽԱՆՆԵՐ. — (*առաջ շարժվելով*) Մենք սպասում ենք մեծ իշխանի հրամանին:

ՌՈՒԶԱՆ. — (*հրամայաբար*) Թող ոչ ոք ձեզանից առաջ չշարժվի:

ՄԱՄՔԱՆ. — (*հուսահատ ձայնով*) Ռուզա՛ն... աղջի՛կս... (*թուլացած նստում է աթոռին*):

ՆԵՐՍԵՀ. — (*առաջ գալով*) Ռուզա՛ն, ես մինչև այժմ լռեցի, որովհետև չի պիտի կարենայի ազդել քեզ վրա ավելի, քան կարող էին ազդել մի հոր վշտահար դեմքը և մի թշվառ մոր աղաչավոր լեզուն: Բայց որովհետև դու անդրդվելի ես մնում այդ հսկա ուժերի առաջ, ուրեմն ես այլևս չի պիտի աշխատեմ քո սիրտը շարժելու: Ես չի պիտի խոսեմ մեր բարեկամության վրա, մեր ջերմ և անզուգական սիրո վրա, որին ուխտել ենք հավատարիմ մնալ մինչև ի մահ, այլ միայն պիտի աղաչեմ, որ մի փոքր համբերես: Ես այս րոպեին իմ քաջերով կթռչեմ դեպի այն հանդիսավայրն, ուր հազար կապյալներն են. ես կջնջեմ այդ զոհերի դահիճների խումբը, ես կազատեմ նրանց...

ՌՈՒԶԱՆ. — (*ընդհատելով*) Իսկ դրան հետևող կրկնապատիկ թշվառությո՞ւնը, իսկ թշնամու ահագին բանա՞կը:

ՆԵՐՍԵՀ. — Ես դրանց դեմ ոտքի կհանեմ բոլոր Արցախը. գեղացիների թրերով միայն կջնջեմ այն բանակն, որ դու ահագին ես անվանում: Չանցած մի քանի օր, և Ջոլայի զորքերը անհետացած կլինեն մեր սահմաններից:

ՌՈՒԶԱՆ. — Դու այդ չես կարող անել, սիրելի Ներսեհ:

ՆԵՐՍԵՀ. — Եթե դժոխքի կատաղիներն անգամ զինվեն իմ դեմ, ես չի պիտի հաղթահարվիմ: Այս կուրծքի մեջ, ուր բաբախում է մի սիրտ քեզ սիրելու համար, սնանում է և մի առյուծ՝ քեզ պաշտպանելու համար: Քանի դեռ շնչում եմ, քանի դեռ արյուն է վազում իմ երակներում, և քանի այս բազուկը կորովի է, ես թույլ չեմ տալ, որ բռնավորի պիղծ ձեռքերը մոտենան քեզ: Բայց երբ ես անկարող կլինեմ քո անիրավ ճակատագիրը ջնջելու, երբ ես իմ քաջերով կընկնեմ պատերազմի դաշտում, այն ժամանակ, Ռուզան, ազգի փրկության սեղանի վրա դու կհանես քո ողջակեզը: Ուրեմն դեռ այժմ մենք կերթանք գործելու: (*Շարժվում է դեպի առաջ*):

ՌՈՒԶԱՆ. — (*հրամայաբար*) Ներսե՛հ: (*Ներսեհը կանգ է առնում, Ռուզանը շարունակում է մեղմով*): Ներսեհ, իմ հոգվո անգին հատոր, գիտես, որ քեզ սիրում եմ. սիրում եմ իմ բոլոր հոգվով, իմ սրտի բոլոր կարողությամբ: Մինչև այսօր դո՛ւ էիր իմ մտածմունքը, դու էիր իմ հրճվանքը, դու էիր իմ սիրո և հիացման առարկան... օ՛, հիշում եմ՝ ինչպե՛ս մեր անուշ զրույցների և զբոսանաց ժամերում՝ ինձ թվում էր, թե աշխարհին էլ չունի վշտեր, թե ցավերն ու չարիքները վերացել են երկրից: Ինչպե՛ս ես քեզմով հպարտանում էի և քո ապագա կենակցությունն ինձ հետ՝ համարում բախտի մեծագույն մի շնորհ. զի հավատում էի՝ թե այդ միությամբ մեզ համար պիտի բացվի երջանկության այն աղբյո՛ւրն, որից հավասարապես պիտի օգտվենք թե՛ մենք, թե՛ մեր հարազատները և թե՛ ժողովուրդը... Բայց ահա՛ աստված տնօրինեց այլ կերպ: Նա փակեց մեր առաջ երանության դուռը և բացավ փորձության մի փշալից ճանապարհ, որով պիտի անցնենք: Անցնենք, ուրեմն, առանց դժգոհության, զի ոչ ոք կարող է աստծո խորհուրդները քննել կամ գուշակել թե՝ այս ամենը չէ իսկապես բարիք, որ նա դրկել է մեզ վշտերի կերպարանքով... Խոնարհե՛նք նրա սուրբ կամքի առաջ և մեզ վիճակված դառն բաժակը քամենք կամակար: Իրա՛վ, սա մեր սրտին կբերե տանջանք, բայց և ժողովրդին կտա փրկություն: Ուրեմն և դու, սիրեցյալդ իմ, քաջացիր և կրիր քո բաժին զրկանքն և հենց այդ զրկանքում քո վարձը որոնիր, զի մեզնից ոչ ոք ունի իրավունք՝ ժողովրդի ազատությունն յուր բախտին զոհելու:

ՆԵՐՍԵՀ. — Ես բախտ չեմ որոնում, ով աննման կույս. բայց իբրև հայ զինվոր՝ պարտավոր եմ հայ կնոջ մեջ՝ հայ անվան պատիվը պաշտպանել:

ՌՈՒԶԱՆ. — Այդ պարտքը ես կվճարեմ. զի իմ վճիռն անդարձ է, ինչպես զոհի վերջին շունչը, որ նա ավանդում է մահու թագավորությանը... Ուրեմն կացեք բարյավ և մի՛ խանգարեք ինձ (*պատրաստվում է դուրս գնալու*):

ՋԱԼԱԼ. — Աղջիկս...

ՄԱՄՔԱՆ. — Ռուզան...

ՍՄԲԱՏ. — (*առաջանալով*) Իշխանուհի, դու կապտում ես մեր սրբազան իրավունքն, արգելելով մեզ կատարել մեր պարտքը. մի՛ թույլ տար, աղաչում եմ, որ զինվորի սուրը կարմրի ամոթից:

ՌՈՒԶԱՆ. — Ժամանակն անցնում է, իշխաններ, մի

խանգարեք ինձ: Զինվորի պատվասիրությունը ստիպում է ձեզ կռվել. գիտեմ, բայց դա կլինի մի չարիք, որ դուք կգործեք, և որին կհետևե ավելի մեծ թշվառություն: Ձեր ունեցած ուժին ես ծանոթ եմ քաջապես: Զաքարե հորեղբայրս ամեն ինչ խոսեց. ես ամեն ինչ լսեցի: Դուք չպիտի կարենաք դիմադրել թշնամուն, ուրեմն և հուսահատ փորձի մի՛ դիմեք: Ես չեմ կամենում, որ իմ պատճառով զոհերի թիվն ստվարանա. թողեք ինձ... (*Հեռանում է դեպի դուռը*):

ՄԱՄՔԱՆ. — (*ճչալով*) Ռուզա՛ն...

ՋԱԼԱԼ. — (*բարկությամբ*) Կա՛ց, Ռուզան, հրամայում է հայրդ:

ՌՈՒԶԱՆ. — (*արտասովալից ձայնով*) Բայց կանչում են կապյալները...

ՆԵՐՍԵՀ. — (*առաջն առնելով*) Ես դեռ մեռած չեմ, Ռուզա՛ն:

ՌՈՒԶԱՆ. — (*կանգնելով դռան առաջ, դեմքը դեպի բեմը և ձեռքը հրամայաբար դեպի Ներսեհը պարզելով*) Մի քայլ անգամ չհամարձակվես փոխել... (*Պատկեր*):

Վարագույր

ԵՐԿՐՈՐԴ ՊԱՏԿԵՐ

Ամրոցի մատուռի սյունազարդ գավիթը, որի վրա բացվում է մատուռի դուռը:

ՏԵՍԻԼ Ա

ՊԱՊԱՔ եվ ԹԵՆԻ

ՊԱՊԱՔ. — Ռուզանն իմաստուն որոշումն էր արել երկիրը թշնամուց ազատելու համար. բայց հայրն արգելեց նրան այդ որոշումն իրագործելու:

ԹԵՆԻ. — Այդ ես իմացա և չեմ մեղադրում իշխանին, ոչ մի ծնող չի հոժարիլ յուր սիրած աղջիկը մատնել թշնամուն:

ՊԱՊԱՔ. — Բայց միևնույն է, թշնամին վերջ ի վերջո կտիրանա նրան:

ԹԵՆԻ. — Կտիրանա՞: Ինչպե՞ս:

ՊԱՊԱՔ. — Իշխաններն արդեն ելնում են Ջոլայի դեմ. այդ կնշանակե՝ թե նրանք գնում են ուղղակի մահվան առաջ, վասն զի թշնամին բազմաթիվ է և մեր հինգ հարյուրին կջարդե մի ժամում: Այնուհետև նա բերդը ամեն կողմից կպաշարե և կառնե անաշխատ: Այստեղ գտնվողներին, իհարկե, սուր կքաշե, իսկ Ռուզանին կտանե յուր հետ:

ԹԵՆԻ. — Դու սարսափեցնում ես ինձ, իշխան:

ՊԱՊԱՔ. — Այո՛, ա՛յդ կլինի մեր ճակատագիրը. ամենքին կկոտորեն:

ԹԵՆԻ. — Ամենքի՞ն, և նույնիսկ կանա՞նց:

ՊԱՊԱՔ. — Կանանցից երիտասարդներին գուցե գերի տանեն, բայց պառավներին մյուս աշխարհը կուղարկեն:

ԹԵՆԻ. — (*սարսափահար*) Ի՞նչ անենք, ուրեմն, իշխան, փրկության մի ճանապարհ չորոնե՞նք:

ՊԱՊԱՔ. — Փրկության միակ ճանապարհը կլինի այն,

որ գտնվի մեկը, որ հորդորե Ռուզանին յուր որոշումն իրագործելու:

ԹԵՆԻ. — Ի՞նչ հարկավոր է հորդորել, քանի որ նա ինքը պատրաստ է զոհվելու, բանն այն է, որ նրան արգելում են:

ՊԱՊԱՔ. — Նա կարող է փախչել:

ԹԵՆԻ. — Բայց բերդի դռները փակված են ամուր, իսկ ամեն ելքի մոտ դրված են պահապաններ:

ՊԱՊԱՔ. — Այս մատուռի ավանդատունն ունի մի պատուհան, որ նայում է դեպի կաղնիների անտա՛ռը: Այդ պատուհանից հեշտությամբ կարելի է իջնել:

ԹԵՆԻ. — (*մտածելով*) Այդտեղ, արդարև, կա այդպիսի մի ելք:

ՊԱՊԱՔ. — Հայտնի՛ր այս մասին օրիորդին:

ԹԵՆԻ. — Հայտնե՞մ...

ՊԱՊԱՔ. — Այո՛, անպատճա՛ռ. և քանի շուտ՝ այնքան լավ:

ԹԵՆԻ. — (*տարակուսելով*) Բայց...

ՊԱՊԱՔ. — Չպետք է տարակուսել և ոչ էլ ուշացնել: Մի փոքր ժամանակից Ռուզանը կգա այստեղ, որովհետև հայրը՝ արգելելով նրան յուր որոշումն իրագործել, իրավունք տվավ միայն իջնել այս մատուռը և աղոթել: Ուրեմն ուր որ է՝ նա կգա. աշխատիր խոսել հետը իսկույն:

ԹԵՆԻ. — Բայց, իշխան, այդ ես չեմ կարող անել, լեզուս չի զորիլ...

ՊԱՊԱՔ. — (*վճռաբար*) Խոսի՛ր ասում եմ, ցո՛ւյց տուր ճանապարհը. հակառակ դեպքում մենք ամենքս կորած ենք: Ահա՛ և օրիորդը (*ցույց տալով գավթի մի կողմը*), գալիս է նաժշտի հետ. աշխատի՛ր առաջ հեռացնել այդ աղջկան, ապա խոսիր հետն առանձին: Ես կերթամ իշխանների մոտ, գուցե կարողանամ համոզել նրանց՝ ուշացնել հարձակումը:

(*Դուրս է գնում*):

ՏԵՍԻԼ Բ

ԹԵՆԻ (*միայնակ*)

(*Նայելով դեպի Ռուզանի կողմը*) Խեղճ աղջիկ. գալիս է աղոթելու... որքա՛ն վշտահար է... Բայց ի՞նչ անեմ, խոսե՞մ արդյոք. ցո՞ւյց տամ փախստյան ճանապարհը... Սա, արդարև, կլինի մի բարիք բոլոր երկրի համար... Բայց եթե հանկարծ իմանա՞ն... Ո՛հ, սիրտս ճմլվում է. չգիտեմ ի՞նչ անեմ. խղճում եմ այս հրեշտակին... Բայց Պապաքն ասաց՝ թե մեզ բոլորիս կկոտորեն... այդ հո ավելի սարսափելի է...

ՏԵՍԻԼ Գ

ԹԵՆԻ, ՌՈՒԶԱՆ եվ ՇԱՆՈՒՅՇ

ԹԵՆԻ. — (առաջանալով դեպի Ռուզանը) Իմ բարի զավակս...

ՌՈՒԶԱՆ. — Դու այստե՞ղ ես, մայր Թենի, չէի կասկածում. անշուշտ աղոթում էիր խեղճ կապյալների համար:

ԹԵՆԻ. — Այո՛, զավակս:

ՌՈՒԶԱՆ. — (*Շանույշին*) Շանույշ, դու գնա՛. ես կաղոթեմ և կվերադառնամ Թենիի հետ:

ՇԱՆՈՒՅՇ. — Թող աստված լսե քո աղոթքը, իմ բարի տիրուհի: (*Հեռանում է*):

ՏԵՍԻԼ Դ

ԹԵՆԻ եվ ՌՈՒԶԱՆ

ՌՈՒԶԱՆ. — (*հուզված*) Թենի, մա՛յր Թենի, այս ի՞նչ վիշտ հասավ մեզ... ամեն բան իմացար, այնպես չէ՞...

ԹԵՆԻ. — Այո՛, զավակս...

ՌՈՒԶԱՆ. — Այժմ ասա՛, ի՞նչ անեմ, ո՞ւր դիմեմ իմ դժբախտ գլուխը ողբալու համար:

ԹԵՆԻ. — Հանգստացի՛ր, որդյակս, աստված ողորմած է. նա չի զլանալ մեզ յուր օգնությունը:

ՌՈՒԶԱՆ. — Հանգստանա՞մ... օ՛, մի ասիր այդ, Թենի. ինչպե՞ս կարող եմ ես հանգստանալ, քանի որ գիտեմ, թե մի քանի ժամից մահին իմ պատճառով յուր ահռելի շնչով պիտի մոտենա հազար անմեղների. քանի որ գիտեմ, թե մի քանի ժամից բյուր հայի բերան անեծք պիտի կարդա իմ անվան...

Օ՜, ինչո՞ւ մայրս ինձ ծնեց. ինչո՞ւ ինձ կյանք տվող վայրկյանը՝ չեղավ ինձ մահաբեր... իսկ այժմ ինչո՞ւ արգելեցին ինձ. ինչո՞ւ թույլ չտվին այս թշվառությունը բառնալու... Մի՞թե ես կկամենայի մատնել ինձ զազանին, եթե չիմանայի, թե իմ հայրն անզոր է՝ յուր երկիրը փրկելու:

ԹԵՆԻ. — Սիրելի զավակս, դու, արդարև, կամեցար բարի գործ կատարել, քո զոհն, անշուշտ, հաճելի կլիներ աստծուն. բայց ի՞նչ արած, ծնողների սիրտն էլ քարից չէ տաշած, նրանք չէին կարող թույլ տալ քեզ՝ այդ անել:

ՌՈՒԶԱՆ. — Իսկ դու, մայր Թենի, չէ՞ որ այս զոհը կարևոր ես համարում:

ԹԵՆԻ. — Անշուշտ, որդյակս, լավագույն է, որ մարդ ինքը միայն մեռնի, քան յուր պատճառով հազարավորներ:

ՌՈՒԶԱՆ. — (*փարվելով Թենիին*) Օհ, շնորհակալ եմ, մայր Թենի. ուրեմն դու ինձ կօգնես այս սուրբ գործի մեջ, այնպես չէ՞:

ԹԵՆԻ. — Կօգնե՞մ... ինչո՞վ, աղջի՛կս:

ՌՈՒԶԱՆ. — Ցույց կտաս ինձ մի փախստյան ճանապարհ...

ԹԵՆԻ — (*ինքն իրեն*) Անշուշտ աստված է կամենում, որ այս աղջիկը զոհվի: (*Ռուզանին*) Փախստյան ճանապա՞րհ... ի՞նչ ես խոսում, զավակս, մի՞թե կարող եմ:

ՌՈՒԶԱՆ. — Աղաչում եմ Թենի, ի սեր աստծո, ի սեր այն խաչին, որի վրա Փրկիչը բարձրացավ. խոսի՛ր, ցույց տուր ինձ մի ելք. դու ավելի տեղյակ ես ամրոցի անցքերին. իմ սիրտը հուզված, ուղեղը շփոթված է. ես ոչ մի ելք չգիտեմ...

ԹԵՆԻ. — Աղջիկս, դու ինձ երդվեցրիր զարհուրելի երդումով,պիտի կատարեմ խնդիրդ...

ՌՈՒԶԱՆ. — Պիտի կատարե՛ս. բարի. ուրեմն խոսի՛ր, ասա՛, ո՞րտեղից կարող եմ ես ելնել:

ԹԵՆԻ. — Այս մատուռի ավանդատունը ունի մի պատուհան, որ հանում է դեպի կաղնիների անտառը: Իսկ այդտեղից մի կածան իջնում է ուղղակի թշնամու բանակը...

ՌՈՒԶԱՆ. — (*ուրախացած*) Ա՛հ, հիշում եմ. իրա՛վ որ այդտեղ կա մի ցածուն պատուհան: Շնորհակալ եմ, մայր Թենի, անհուն շնորհակալ: Դու ուրեմն ճանապարհը բացիր ինձ համար և իմ հոր ժողովուրդն ազատված է քո շնորհիվ... Օրհնյալ է աստված, որ ողորմեց մեզ յուր անհուն ողորմությամբ: Բայց քեզնից, մայր Թենի, ունեմ դարձյալ մի խնդիր:

ԹԵՆԻ. — Դարձյալ մի խնդի՞ր:

ՌՈՒԶԱՆ. — Ամենավերջինը...

ԹԵՆԻ. — Ի՞նչ, սիրելի՛ս...

ՌՈՒԶԱՆ — Տո՛ւր ինձ քո ա՛յն մատանին, որի մեջ ասում էիր, թե թույն կա պահված:

ԹԵՆԻ. — (*նայելով մատի վրա մատանուն*) Այս մատանի՞ն. բայց ինչո՞ւ է պետք:

ՌՈՒԶԱՆ. — Տո՛ւր ինձ, աղաչում եմ. դա կարող է ինձ փրկել:

ԹԵՆԻ. — Փրկե՞լ, ինչի՞ց:

ՌՈՒԶԱՆ. — Դժոխքից, գեհենի կրակներից:

ԹԵՆԻ. — Չեմ հասկանում խոսքերդ:

ՌՈՒԶԱՆ. — Օ՛, շո՛ւտ, ժամանակն անցնում է:

ԹԵՆԻ. — (*անզգայաբար հանելով մատանին և տալով Ռուզանին*) Ահա՛, բայց ասա՛, ինչի՞ համար ես ստանում այն:

ՌՈՒԶԱՆ. — (*արագ քրքրելով մատանու պսակը*) Ասում էիր, որ այստեղ, այս գոհարի տակն է պահված, այնպես չէ՞:

ԹԵՆԻ. — Այո՛. այդտեղ կա զորեղ մահաթույն, բայց ինչո՞ւղ է պետք այն:

ՌՈՒԶԱՆ. — (*պահելով մատանին*) Ա՛հ, շնորհակալ եմ քեզանից, մայր Թենի: Երբ իմ զոհաբերության զնով փրկված կլինի այս երկիրը, ա՛յն ժամանակ ես կօգտվիմ քո այս նվերից՝ անհավատ զազանին չմատնվելու համար... այժմ մնաս բարյավ: (*Շտապով մտնում է մատուռը և դուռը ետ դնում*):

ԹԵՆԻ. — Բայց դու... իշխանուհի...

ՏԵՍԻԼ Ե

ԹԵՆԻ (*միայնակ*)

Չլսեց, աստված իմ... (*Շվարած*): Ի՞նչ արի ես, արդյոք չսխալվեցա՞. արդյոք նա չշփոթեցրե՞ց ինձ... Մի՞թե ցույց պիտի տայի ճանապարհը... բայց Պապաքն ասաց, թե մեր բոլորի փրկությունը կախված է նրա զոհաբերությունից: Այո՛, այդպես է. բայց մատանի՞ն... մի՞թե պետք է տայի նրան: Արդյոք դրանով մի ոճիր չգործեցի՞... (*Մտածում է*) Կարծեմ՝ ոչ. ընդհակառակն... եթե Ռուզանը զոհում է իրեն՝ մեզ ազատելու համար, ապա ես էլ ազատում եմ նրա արդար հոգին: Թող ուրեմն իմ խիղճը չտանջե ինձ իզուր...

Վարագույր

ԱՐԱՐՎԱԾ ՀԻՆԳԵՐՈՐԴ

ԱՌԱՋԻՆ ՊԱՏԿԵՐ

Մի մացառուտ լեռան զառիվայր ստորոտ, որ ծածկված է ծառերով, թփերով և տեղ-տեղ՝ մեծամեծ ժայռերով: Լեռան կատարին երևում է Խոխանաբերդը՝ բարձր պարիսպներով և հզոր աշտարակներով:

ՏԵՍԻԼ Ա

ՇԱՆՈՒՅՇ եվ ՍՈՒՐԻԿ (*միմյանց հանդիպելով*)

ՍՈՒՐԻԿ. — Շա՛նույշ, դո՞ւ էլ եկար տիրուհուն պտրելու:

ՇԱՆՈՒՅՇ. — Այո՛, Սուրիկ, սիրտս չհամբերեց. ես էլ եկա նրան որոնելու:

ՍՈՒՐԻԿ. — Նա այստեղից չէ անցել, հավատացած եմ. ես այնպիսի ճանապարհով իջա, որ ամբողջ զառիվայրը կարող էի տեսնել, բայց օրիորդն իմ աչքին ոչ մի տեղ չերևաց:

ՇԱՆՈՒՅՇ. — Ինձ թվում է թե՝ նա մոլորվել է մացառուտում:

ՄՈՒՐԻԿ. — Գուցե. բայց և այնպես նա չի ազատվի մեր ձեռքից. հետամուտները շատ են. ուր որ է նրա առաջը կառնեն:

ՇԱՆՈՒՅՇ. — Իսկ եթե նա արդեն հասած լինի բանակը՞:

ՄՈՒՐԻԿ. — Այն ժամանակ արդեն գործը կդժվարանա. մենք չենք մոտենալ բանակին:

ՇԱՆՈՒՅՇ. — Ուրեմն ժամավաճառ չլինենք. անցնենք զատ-զատ կողմեր. գուցե մեզանից մեկին հաջողի պատահել նրան:

ՄՈՒՐԻԿ. — Անցնենք:

(*Բաժանվում են աջ ու ձախ*):

ՏԵՍԻԼ Բ

ՇԱՆՈՒՅՇ եվ ՌՈՒԶԱՆ

Ռուզանը երևում է զառիվայրի բարձրում, որտեղից նա ժայռերն ու թուփերը բռնելով իջնում է դեպի վայր, հերարձակ, շտապ քայլերով և երկյուղագին այս ու այն կողմը նայելով. բեմը դատարկ է:

ՇԱՆՈՒՅՇ. — (*վերադառնալով*) Ոչ մի տեղ չէ երևում: Այս կողմը (*ցույց է տալիս եկած կողմը*) քարաժայռերն են և նրանց ներքևը՝ սարսափելի անդունդ. ոչ ոք այդտեղից անցնել չի կարող: Իսկ այստեղից (*ցույց է տալիս հակառակ կողմը*) սկսում է մեծ հովիտը, որի վրա բանակած է թշնամին: Եթե մի քայլ այն կողմն անցնեմ, նրա դժոխային զունդերը կերևան: Ինձ մնում է եկածս ճանապարհով կրկին վերադառնալ (*պատահմամբ նայում է բարձր և տեսնում է Ռուզանին*): Ահա նա... ահա՛... Ո՛հ, աստված իմ, շնորհակալ եմ քեզանից... տե՛ս ինչպե՞ս աներկյուղ դիմում է նա դեպի յուր դահիճը: Ծածկվիմ այստեղ, մինչև նա կիջնե: (*Քաշվում է մացառի ետևը*): Ո՛հ, աստված իմ, խնայի՞ր նրան, ուժ տուր իմ բազուկներին՝ զորով դարձնել նրան յուր ծնողների գիրկը:

ՌՈՒԶԱՆ. — (*իջնելով դեպի բեմը և մի քանի քայլ մնացած՝ կանգ առնելով զառիվայրի վրա*) Ինձ չէին կամենում թողնել. ինձ արգելում էին. իմ պատճառով ուզում էին ժողովուրդը զոհել և սգո մեջ թողնել բյուրավոր ընտանիքներ: Ո՛չ. այդ բոլորի փոխարեն նշանակված զոհը ես եմ և ես միայն կզոհվիմ: Մի քանի վայրկյան ևս, և ես կհասնեմ թշնամուն, իմ ձեռքը կտամ բռնավորին և սրա փոխարեն կստանամ իմ հոր և յուր ժողովրդյան ազատությունը... Իսկ այնուհետև անելիքս որոշված է. այդ մասին այլևս մտածելիք չունիմ... Բայց... (*տատանվելով որոշման մեջ*): Ո՛հ, ինչպե՛ս դժվար է՝ թողնել իմ ետևից մայրս կիսամեռ, հայրս սգավոր, փեսաս սրտաբեկ... հեռանալ սիրելիներից. հեռանալ հայրենիքից...և այս ծաղիկ հասակում խամրիլ խորշակահար... Ա՛հ, ծնկներս ծալվում են... (*բռնում է ժայռից*): Աստվա՛ծ իմ, ուժ տուր ինձ. արիացրո՛ւ ինձ՝ այս լուծը մինչև ի վերջ տանելու... (*հեկեկում է և ապա մի քանի քայլ առաջանալով՝*

բացականչում)։ Բայց ի՞նչ եմ անում... Ինչո՞ւ եմ ուշանում. չէ՞ որ բանբերից առաջ պիտի հասնեմ զոհերին... (*առաջանում է դեպի այն կողմը, ուր պահված է նաժիշտը*)։

ՇԱՆՈՒՅՇ. — (*պահված տեղից ելնելով*) Բայց ես չի պիտի թողնեմ, տիրուհի։

ՌՈՒԶԱՆ. — (*վեր թռչելով*) Ա՛հ, Շանո՛ւյշ, դու այստե՞ղ ես. այդ ինչպե՞ս եկար և ինչո՞ւ։

ՇԱՆՈՒՅՇ. — Ո՛հ, տիրուհի. դու չի պիտի գնաս թշնամու մոտ, դու պիտի խղճաս քո ծնողներին։

ՌՈՒԶԱՆ. — Այդ դո՞ւ պիտի սովորեցնես ինձ, խե՛ղճ աղջիկ։ Դարձիր ամրոցն առանց ուշանալու. դու այնտեղ կհարկավորվիս։

ՇԱՆՈՒՅՇ. — Բայց ո՞ւմ պիտի հարկավորվիմ. իմ միակ տիրուհին այստեղ է. ես եկա նրան ծառայելու. ես նրան պիտի օգնեմ ամրոցը բարձրանալու։

ՌՈՒԶԱՆ. — Այդ նեղությունը քեզ չի պիտի տամ, Շանույշ, դարձի՛ր, ասում եմ քեզ. մի՛ ուշացնիր ինձ։ Մինչև թշնամուն հասնիլը դեռ բավական ճանապարհ կա. մի փոքր ևս և բանբերը կհասնե բռնավոր տիրոջ մոտ, և կապյալները սրո կերակուր կդառնան. թող որ շտապեմ նրանց ազատելու։

ՇԱՆՈՒՅՇ. — Եվ քեզ գազանին մատնելու, այնպես չ՞է, ո՛հ ոչ. չեմ կարող. թույլ չի պիտի տամ։ Եվ եթե ինձ չլսես... (*Ընկնում է ծնկան վրա և բռնում է Ռուզանի ոտքերից*), այսպես պիտի ընկնեմ քո առաջ, պիտի փարեմ քո ծնկներով, պիտ՛ի արգելեմ քեզ։

ՌՈՒԶԱՆ. — (*աշխատելով հեռացնել նրան*) Հեռո՛ւ... Անխոհեմ աղջիկ. ինձ չկարողացան արգելել իմ ծնողների արտասվալից աչքերը, և այժմ դո՞ւ պիտի արգելես. հեռո՛ւ, ասում եմ քեզ։ (*Հեռացնում է նրան*)։

ՇԱՆՈՒՅՇ. — Բայց դու չգիտես, տիրուհի, թե ի՞նչ

հանցանք ես գործում նրանց դեմ, թե ի՞նչ թշվառություն ես բերում նրանց գլխին... Եթե տեսնեիր, թե ինչպե՞ս էր կոծում մայրդ և դառն արցունքներ թափում... Եթե տեսնեիր, թե ինչպես ողբում էր հայրդ, և ինչպե՛ս լալիս ու ճիչեր էին արձակում քույրդ, փոքր եղբայրներդ, և ամրոցը դղրդում էր նրանց հեկեկանքների ձայնից...

ՌՈւԶԱՆ. — (*արտասվահույզ*) Ա՛հ լռի՛ր, Շանույշ, այդ բոլորը ես գիտեմ, բայց դու նորեն պատմելով կտրտում ես իմ սիրտը, լռի՛ր...

ՇԱՆՈՒՅՇ. — Իսկ Ներսեհի համար դեռ ոչինչ չասացի, տիրուհի, թե ինչպես վիրավոր և հուսահատ...

ՌՈՒԶԱՆ. — (*արագ ընդհատելով*) Բավակա՛ն է, Շանույշ, դու կամենում ես թուլացնել իմ արիությունը, բայց այդ չի հաջողիլ քեզ. ես գիտեմ իմ զոհաբերության ծանրությունը. բայց նա անհրաժեշտ է: Այժմ թո՛ղ ինձ, գնա՛ իմ սիրելիների մոտ և տա՛ր նրանց իմ վերջին ողջույնը: Ասա՛ իմ մորը, որ ես թշվառացող ծնողաց անեծքները իրենից հեռացնելու համար զոհեցի ինձ... Ասա՛ իմ հորը՝ որ յուր ժողովրդի ազատությունը գնելու և յուր փառավոր անունը ապազայում արատից զերծ պահելու համար զոհեցի ինձ. ասա իմ սիրելի քրոջն ու եղբայրներին՝ որ իմ անունն անմոռաց ունենան և հետևեն իմ օրինակին՝ երբ այդ հայրենիքը պահանջե... Եվ, վերջապես, ասա Ներսեհին, որ ես իմ սերը խեղդեցի այս թշվառ սրտում միայն նրա համար, որ նա յուր բախտը ազգից անիծված մի կնոջ հետ չկապե... Այժմ հեռացի՛ր... (*Առաջանում է դեպի հովտի կողմը*):

ՇԱՆՈՒՅՇ. — (*առաջն առնելով)* Դու դարձյա՞լ գնում ես:

ՌՈՒԶԱՆ. — (*հրելով Շանույշին*) Թո՛ղ, ասում եմ քեզ: (*Առաջանում է մի քանի քայլ դեպի խորքը և ապա ճչալով ետ քաշվում*): Ա՛հ, այսքան մո՞տ ենք մենք թշնամուն: (*Դարձյալ երկու քայլ առաջանալով*)։ Ահա՜, ահա՜ այստեղից երևում է բոլորը։ Նայի՛ր, Շանույշ, ո՛հ, մի՞թե չես սարսափում։ Տե՛ս, բոլոր հովիտը և գետափը ծածկված է թշնամու վրաններով։ Իսկ այս շքեղ խորանը, որ այսքան մոտ է մեզ, բռնավորինը չէ՞ արդյոք։ Նայի՛ր, սուսերամերկ պահապանները դժոխքի հրեշների պես հսկում են նրա դռանը։ Իսկ այս կողմը, տե՛ս, կանգնած են կապյալները, ո՛հ, որքա՜ն շատ են. յուրաքանչյուրի գլխին շողում է մի սուսեր. նայի՛ր և սարսափիր... Իսկ այն ծերունիները. այն փոքրիկ տղաները. այն կանայքը... բոլորն էլ ձեռնկապ... նրանք լալիս են, այնպես չէ՞։ Իսկ այս առույգ երիտասարդների խումբը, որ գլխակոր կանգնած է դահիճների առաջ... Ո՛հ, այս տեսարանը կտրատում է իմ սիրտը... Բայց աստված իմ. ահա և Համտունը՝ զարշելի դավաճանը. տե՛ս՝ ինչպես է ճեմում յուր զոհերի առաջ։ (*Ետ քաշվելով*)։ Շանույշ, էլ Ժամանակը հասավ, համբերելու ուժ չմնաց։ Մինչև այժմ սրտիս մեջ տրոփ և ոտքերումս մի դող էի զգում. այժմ, ընդհակառակն, արիություն եկավ վրաս. ես այլևս չեմ սարսափում բռնավորի առաջն ելնելու։ Այս թշվառներն ազատելու և դավաճանը պատժել տալու հույսը լցնում է իմ սիրտը ուրախությամբ։ Այժմ ես կերթամ. մնաս բարյավ... *(Առաջանում է*)։

ՇԱՆՈՒՅՇ. — Բայց ես սպասում էի թե՝ այս ամենը կսարսափեցներ քեզ, տիրուհի։

ՌՈՒԶԱՆ. — (*ետ գալով*) Բայց ոչ. նայի՛ր ինձ. տե՛ս թե՝ գեղեցի՞կ եմ դեռ, գեղեցի՞կ եմ այնքան, որ բռնավորի սիրտը շարժել կարողանամ։ Նայի՛ր ինձ. ուղղի՛ր իմ մազերը, ուղղի՛ր հագուստներս. թող բռնավորը հիանալու չափ գեղեցիկ գտնե ինձ։

ՇԱՆՈՒՅՇ. — (*անզգայաբար ուղղելով նրան*) Դու

գեղեցիկ ես, տիրուհի, գեղեցիկ՝ ինչպես հրեշտակ. բայց էլ ինչո՞ւդ է պետք գեղեցկությունը:

ՌՈՒԶԱՆ. — Բռնավորի աչքերն ու միտքը կուրացնելու... Այժմ դու դեպի ամրոցն՝ ես դեպի զոհերը: (*Առաջանում է*):

ՇԱՆՈՒՅՇ. — (*վերջին անգամ արգելելով*) Տիրուհի՜...

ՌՈՒԶԱՆ. — (*ուժգին հրելով Շանույշին*) Հեռո՜ւ, ասում եմ քեզ, համառ աղջիկ: (*Վազում է դեպի բեմի խորքը*):

ՇԱՆՈՒՅՇ. — (*ընկնելով գետնին*) Ա՜հ, ամեն բան վերջացավ...

Վարագույր

ԵՐԿՐՈՐԴ ՊԱՏԿԵՐ

Թաթարաց բանակը: Տեսարանը ներկայացնում է Խոխանաբերդ ամրոցի տակ մի հովտաձև դաշտավայր՝ մի կողմից բարձրացած բլրակով, որի ստորոտում զարկած է զորապետի շքեղ ու ընդարձակ խորանը: Նրա մեջ նստած են Զոլա և Բուրա - Նուին, ետևները կանգնած ունենալով մի-մի սպառազինյալ թիկնապահ: Խորանի հատակը ծածկված է զորգով, որի վրա ձգված են մի քանի թավշյա օթոցներ: Դրանցից մինի վրա չոքած է Համտունը: Զորապետի խորանից հեռու, դաշտավայրի երկարությամբ, զարկված են զորքերի բազմաթիվ վրաններ, որոնց մոտերքը անցուդարձ են անում զինվորներ: Զորապետի խորանից քիչ հեռու կանգնած են մի շարք կապյալներ:

ՏԵՍԻԼ Ա

ԶՈԼԱ, ՀԱՄՏՈՒՆ, Ա ծերունի, Բ ծերունի, պառավ կին, մի շարք կապյալներ, որոնք հեռանում են Բուրայի խորանից:

ԶՈԼԱ. — (*մոտենալով կապյալներին*) Ինչի՞ համար եք հավաքվել, ի՞նչ էիք ուզում իմ եղբորորդուց:

Ա ԾԵՐՈՒՆԻ. — Գթություն, տե՛ր:

ԶՈԼԱ. — Գթություն ձե՞զ, մի՛ հուսար, ծերո՛ւկ: Քանի ձեր իշխանը ամրացած է բերդում, դուք չեք ազատվիլ մահից:

Ա ԾԵՐՈՒՆԻ. — Բայց ի՞նչ հանցանք ունի խեղճ ժողովուրդը:

ԶՈԼԱ. — Ոչինչ: Մեծերի համար ապրում է, մեծերի համար էլ պիտի մեռնի:

Ա. ԾԵՐՈՒՆԻ. — Բայց մի՞թե այդ արդարություն է:

ԶՈԼԱ. — Լռի՛ր, անպիտան, համարձակվում ես իմ առաջ արդարության մասի՞ն խոսել. հո չե՞ս կամենում, որ գլուխդ շների առաջ ձգվի ա՛յս վայրկյանին:

(*Հեռանում է*):

ՀԱՄՏՈՒՆ. — (*խոսող ծերունուն*) Ինչո՞ւ չես կապ դնում

լեզվիդ, բարեկամ. մի՞թե չգիտես, որ ձեռքերը կապված մարդը չպետք է լեզուն շարժե:

Ա ԾԵՐՈՒՆԻ. — Լեզուն, տեր իմ, սրտի գործիքն է և ոչ ձեռքերի:

ՀԱՄՏՈՒՆ. — Դու երևի սպասում ես, որ մի սուր ցցեն սիրտդ և հետո՞ լռես:

Բ ԾԵՐՈՒՆԻ. — Ուրեմն, տեր իմ, սա մի մեծ բախտ է, որ այստեղ, մեզ հետ գտնվում է մի հայ իշխան՝ ազատ ձեռքերով:

ՀԱՄՏՈՒՆ. — Ի՞նչ ես կամենում ասել:

Բ ԾԵՐՈՒՆԻ. — Այն, որ քո լեզուն կարող է խոսել:

ՀԱՄՏՈՒՆ. — Վե՞րջը:

Բ ԾԵՐՈՒՆԻ. — Գթա՛, ուրեմն, մեզ և բարեխոսիր մեր փրկության համար:

ՀԱՄՏՈՒՆ. — Ի՞նչ կարող եմ անել: Ես էլ այս բանակում մի գերի եմ ձեզ նման:

Բ ԾԵՐՈՒՆԻ. — Գերի՞, ո՛հ, ո՛չ. թաթարները մի գերիի հետ չեն վարվիլ այդպես սիրով: Դու դեռ երիտասարդ ես և չես կարող դառն փորձերի մեջ ալևորածին խաբել:

ՀԱՄՏՈՒՆ. — (*բարկությամբ*) Խաբե՞լ և ինչի՞ համար, հանդուգն ծերունի:

ՄԻ ՊԱՌԱՎ. — Որովհետև ամաչում ես ասել թե՝ դու մի մատնիչ ես:

ՀԱՄՏՈՒՆ. — Քաշի՛ր լեզուդ, գարշելի պառավ, ապա թե ոչ սուրս կլռեցնե նրան:

ՊԱՌԱՎ. — Իսկ աստծո անեծքի ձայնը ինչո՞վ պիտի լռեցնես:

ՀԱՄՏՈՒՆ. — (*սուրը քաշելով*) Դու շարունակո՞ւմ ես:

ՏԵՍԻԼ Բ

ԶՈԼԱ, ՀԱՄՏՈՒՆ, Ա ծերունի, Բ ծերունի, պառավ կին, մի շարք կապյալներ և ԲՈՒՐԱ

ԲՈՒՐԱ. — (*հեգնությամբ ժպտալով*) Իշխան… դահճի պաշտոնը կամենում ես թեթևացնե՞լ:

ՀԱՄՏՈՒՆ. — (*ետ քաշվելով*) Քեզ հայհոյողների թիվը կամենում եմ պակսեցնել, տե՛ր:

ՊԱՌԱՎ. — (*ինքն իրեն*) Վա՜տ և խաբեբա:

ԲՈՒՐԱ. — Արևս վկա, իմ հոր պալատում դեռ մինչև այսօր քեզ չափ հավատարիմ մեկը չտեսա:

ՀԱՄՏՈՒՆ. — Մարմնավոր իշխաններին հավատարիմ լինել մեր կրոնն է մեզ պատվիրում:

ԲՈՒՐԱ. — (*հեգնությամբ*) Քո հայրենակիցների մեջ, երևի, միայն դո՛ւ ես այդ կրոնը պաշտում:

ՊԱՌԱՎ. — Միայն դա՛ է, որ անարգում է այն:

ՀԱՄՏՈՒՆ. — (*կատաղի հայացքով*) Լեզո՛ւդ, անզգամ պառավ:

ՊԱՌԱՎ. — Պիտի անիծեմ քեզ, մինչև իմ վերջին շունչը:

ՀԱՄՏՈՒՆ. — Այդ շունչը երկար չի տևիլ:

ԲՈՒՐԱ. — Ուրեմն մի՛ վշտացնիր նրան, իշխան:

ՏԵՍԻԼ Գ

ՋՈԼԱ, ՀԱՄՏՈԻՆ, Ա ծերունի, Բ ծերունի, պառավ կին, մի շարք կապյալներ, ԲՈԻՐԱ և ՋՈԼԱ

ՋՈԼԱ. — (*մտնելով*) Բուրա, դու անծանոթ էիր հայի կամակորության:

ԲՈԻՐԱ. — Այստեղ մի փոքրիկ օրինակը տեսա:

ՋՈԼԱ. — Ավելի մեծը պիտի տեսնես:

ԲՈԻՐԱ. — Ի՞նչ է պատահել:

ՋՈԼԱ. — (*դեպի ետ նայելով*) Աբու, այստե՞ղ արի:

ԲՈԻՐԱ. — (*անհամբեր*) Ջալալն իմ առաջարկությունը մերժե՞ց:

ՋՈԼԱ. — Բավական չէ մերժումը:

ԲՈԻՐԱ. — Հապա՞:

ՋՈԼԱ. — Իսկույն կլսես:

ՏԵՍԻԼ Դ

ՋՈԼԱ, ՀԱՄՏՈԻՆ, Ա ծերունի, Բ ծերունի, պառավ կին, մի շարք կապյալներ, ԲՈԻՐԱ, ՋՈԼԱ և ԱԲՈԻ

ԲՈԻՐԱ. — (*Աբուին, որ մտնում է*) Հա՛, ի՞նչ լուր բերիր:

ԱԲՈԻ. — Ջալալ իշխանը, տեր, քո մեծության հրամանն անարգեց:

ԲՈՒՐԱ. — (*բարկացած*) Կրկնի՛ր նրա պատասխանը բառ առ բառ:

ԱԲՈԻ. — Ասա՛ այն բռնավոր գազանին, պատասխանեց նա, թե ես ա՛յս րոպեին կիջնեմ դաշտը՝ իմ սրովս նրան պատասխանելու:

ՀԱՄՏՈՒՆ. — (*ուրախանալով և ինքն իրեն*) Ահա՛ թե ի՞նչ էի կամենում լսել... հրճվի՛ր այժմ, սի՛րտ իմ:

ԲՈՒՐԱ. — (*կատաղաբար*) Այդպե՞ս հանդգնեց պատասխանել այն շունը... Յուր դստեր փոխարեն նա յուր սո՞ւրն է առաջարկում ինձ: Լավ, ուրեմն: Ես այդ սուրը նրա գլխի հետ միասին իմ ոտքերի տակ կփշրեմ. նրա երկիրը արյան ու կրակի ծով կդարձնեմ: Մինչև մի քանի օր բոլոր այն շեները թող անապատ դառնան (*կանչելով դեպի բեմի խորքը*): Է՛յ, դահիճներ, առաջ անցեք: (*Ներս են մտնում մի խումբ կարմրազգեստ դահիճներ, իրենց դահճապետի հետ*):

Այստե՛ղ, իմ աչքի առաջ, նախ կոտորեցեք այս գլխավորներին (*ցույց տալով կապյալների վրա*), որոնք եկել էին իմ գթությունը հայցելու. մնացած խուժանը թող բաժին դառնա զորականի սրերին: (*Դառնալով յուր դիմացը զտնվող կապյալներին*): Ես ձեզ խոստացա կյանքերնիդ շնորհել, եթե ձեր իշխանն իմ առաջարկությունը կընդուներ: Բայց նա, ինչպես լսեցիք, ոչ միայն մերժել է այն, այլև խրոխտացել է թե՝ պիտի գա յուր սրովն ինձ պատասխանելու: Ուրեմն ես այժմ սուր քաշել կտամ ձեզ և ձեր դիակները կհրամայեմ դիզել նրա բերդի առաջ: Թող այդ հիմարը հասկանա, որ ես կատակ չեմ անում, և այնուհետև գա յուր պատասխանը տալու:

Ա ԾԵՐՈՒՆԻ. — (*ծնկան վրա գալով*) Գթություն, տե՛ր, մենք անմեղ ենք, այդ գիտես դու, գիտե և աստված:

Բ ԾԵՐՈՒՆԻ. — (*ծնկան գալով*) Խնայի՛ր մեզ, տե՛ր, դու ամենազոր ես, իսկ մենք՝ անպաշտպան:

ԲՈՒՐԱ. — (*բարկությամբ*) Լռեցե՛ք, թշվառականներ: (*Դահիճներին*): Դահիճնե՛ր, ձեր գործը տեսեք:

ՏԵՍԻԼ Ե

ԶՈԼԱ, ՀԱՄՏՈՒՆ, Ա ծերունի, Բ ծերունի, պառավ կին, մի շարք կապյալներ, ԲՈՒՐԱ, ԱԲՈՒ և ՌՈՒԶԱՆ

ՌՈՒԶԱՆ. — (*շտապով և շնչասպառ բեմը մտնելով և ձեռքը դեպի դահիճները պարզելով ճչում է*) Ահ, ոչ, սպասեցեք... (*Բոլորը ցնցվում են*):

ԲՈՒՐԱ. — (*դահիճներին*) Սպասեցե՛ք:

ՀԱՄՏՈՒՆ. — (*առանձին*) Ա՛հ, Ռուզանը... բախտիս բախտիս անիվը դարձավ...

Ա ԾԵՐՈՒՆԻ. — Իշխանուհի, Ռուզան, դու այստե՞ղ...

ԲՈՒՐԱ. — (*զարմացած*) Ռուզա՞ն...

ԶՈԼԱ. — (*Համտունին՝ հետաքրքրությամբ*) Ո՞վ է այս կինը:

ՀԱՄՏՈՒՆ. — (*հուզված*) Նա է...

ԶՈԼԱ. — Բայց ո՞վ: (*Հարցական հայացքով նայում է կես՝ Համտունին և կես՝ Ռուզանին*):

ՌՈՒԶԱՆ. — (*առաջ գալով*) Հասան-Ջալալի աղջիկ Ռուզանը:

ՋՈԼԱ. — (*զարմացած*) Հասան-Ջալալի աղջի՞կը...

ՌՈՒԶԱՆ. — Այո՛, նույն ինքը: (*Դառնալով Բուրային*): Չարմաղան մեծ զորապետի որդի Բուրան դու լինելու ես, անշուշտ:

ԲՈՒՐԱ. — (*համեստությամբ*) Այո, քո բարեկամը:

ՌՈՒԶԱՆ. — Գուցե այս րոպեին, բայց ոչ առաջ:

ՋՈԼԱ. — (*Համտունին*) Այս կինը կախարդելու է եղբորորդուս:

ՌՈՒԶԱՆ. — (*Բուրային*) Դու պատգամավոր էիր ուղարկել հորս մոտ և պահանջել ինձ՝ քեզ կնության, հակառակ դեպքում պիտի կոտորեիր այս անմեղներին:

ԲՈՒՐԱ. — Այո՛, իշխանուհի:

ՌՈՒԶԱՆ. — Երկու օր առաջ սկսված էր իմ հարսանիքը: Ես պիտի ամուսնանայի այն երիտասարդ իշխանազնի հետ, որին երկար ժամանակից ի վեր սիրում եմ: Բայց ձեր անակնկալ հարձակումը մեր ուրախությունը փոխեց տխրության...

ԲՈՒՐԱ. — (*ցույց տալով Համտունին*) Այս իշխանը կարող է վկայել, որ ես ցավել եմ դրա համար:

ՌՈՒԶԱՆ. — Շնորհակալ եմ... Այդ ցավը, սակայն չէ արգելել քեզ պահանջել իմ հորից՝ ուղարկել յուր դուստրը քեզ կնության:

ԲՈՒՐԱ. — Քո գեղեցկության գովեստն, որ այս իշխանն արավ, քեզ դարձրեց իմ սրտին կարի տենչալի:

ՌՈՒԶԱՆ. — Սակայն քո պատգամը մեր ամրոցը լցրեց վշտով:

ԲՈՒՐԱ. — Ինչո՞ւ, իշխանուհի, Չարմաղանի որդին մի

բանով ավելի արժե, քան ա՛յն իշխանազնը, որին քեզ հայրդ պիտի տար:

ՌՈՒԶԱՆ. — Չարմաղանի որդին շատ ավելի արժե... Բայց այդ չէ խնդիրը... Մենք զարշում ենք ձեզանից ոչ թե նրա համար, որ դուք այլակրոն, կամ, ըստ մեզ՝ անհավատ եք, այլ, որովհետև ձեր սուրն ու ձեռքերը պղծվում են շարունակ անմեղների արյունով: Այնտեղ, ուր կոխում է ձեր ոտքը, սփռում է ավեր և ապականություն,ահա՛ այս ամենի համար մենք ատում ենք ձեզ:

ԶՈԼԱ. — (*անհանգիստ շարժումներով*) Եղբորորդիս կամ զժվել, կամ անզգայացել է:

ԲՈՒՐԱ. — Լռի՛ր և լսիր, ծերո՛ւկ:

ՌՈՒԶԱՆ. — Եվ այսպես՝ եթե իմ հայրը մերժեց քո առաջակությունը, նա իրավունք ուներ, որովհետև ոչ մի ծնող չի հոժարիլ յուր դուստրը կնության տալ ա՛յն ազգի որդուն, որից ինքն ատում և որից զարշում է, սակայն ես, որ պաշտելու չափ սիրում եմ իմ փեսային և կյանքն առանց նրան համարում եմ դժոխք, այնուամենայնիվ, երբ իմացա թե՞ հորս մերժումը պիտի գրգռե ձեզ՝ այս անմեղները կոտորելու, և թե մերայինները չի պիտի կարենան ժամանակին այս մարդազոհն արգելել, գաղտուկ փախա մեր ամրոցից և միայնակ եկա այստեղ, որպեսզի արգելք լինիմ այն կոտորածին, որ իմ պատճառով պիտի լիներ: (*Դեմքը Բուրայից կիսադարձ պարզում է ձեռը նրան*): Ահա քեզ իմ ձեռը:

ԲՈՒՐԱ. — (*Ռուզանի ձեռը ագնվաբար բռնելով*) Իշխանուհի, դու ինձ հիացրիր ոչ միայն քո գեղեցկությամբ, որ երկնային է, այլև այն անձնվիրությամբ, որ ցույց տվիր դեպի թշվառ ազգակիցներդ: Քո խոսքերը թեպետ ծանր էին ու դառն, բայց որովհետև ճշմարտություններ էին, ուստի ես լսեցի ոչ առանց հաճույքի։ Եվ ես քեզ անշուշտ կվերադարձնեի քո հոր գիրկը, եթե քեզ գտնեի պակաս արժանավոր։ Բայց, ինչո՞ւ թաքցնեմ, այժմ արդեն քեզանից զրկվիլը ինձ համար կլինի մեծագույն կորուստ։ Ուստի, որպեսզի դու չզարշես ինձանից՝ ես կսովորեմ այսուհետև հարգել քո կրոնը, որ կարողանում է այդքան արժանիքներ ծնեցնել մի աղջկա մեջ. ես կսիրեմ նաևա՛յն ազգն ու ժողովուրդը, որ ծնում ու կրթում է քեզ պես զավակներ։ Իսկ քեզ կտանեմ թաթարաց երկիրն՝ այնտեղի մեծագույն զարդը դարձնելու համար։

ՌՈՒԶԱՆ. — Դրա համար քեզանից խնդրելիք ունիմ։

ԲՈՒՐԱ. — Իմ բոլոր իշխանությունս տալիս եմ քո ձեռքը. հրամայիր, ինչ կամենում ես։

ՌՈՒԶԱՆ. — Ես խնդրում եմ քեզանից նախ՝ այս կապյալների և իմ հոր իշխանության մշտական ազատությունը և ապա (*դառնալով դեպի Համտուն և հանդիսաբար նրան մատնացույց անելով*) այս դավաճանի գլխատումը։

ԲՈՒՐԱ. — (*դեպի դահիճներն ու զորականները*) Արձակեցե՛ք բոլոր կապյալներին և թողե՛ք նրանց։ (*Ռուզանին*)։ Իսկ քո հորը, տիրուհի, հենց այս վայրկյանից ազատ եմ հայտարարում յուր բացարձակ իշխանության մեջ։ Ինչ վերաբերում է այս իշխանին (*ցույց տալով Համտունի վրա*), որին ես երբեք չհարգեցի, սա կգլխատվի մի քանի րոպեից։ (*Դառնալով դահճապետին*)։ Դահճապետ, այս ապիրատի գլուխը մի ժամից կուղարկես Ջալալ իշխանին։

ԴԱՀՃԱՊԵՏ. — (*մոտենալով Համտունին և ձեռքը նրա

ուսին զարկելով) Գնանք, բարեկամ, իմ գործն էլ թեթևացավ: (*Դուրս է տանում նրան*):

Ա ՏԵՐՈՒՆԻ. — (*ծնկաչոք դեպի Ռուզանը*) Ազնիվ իշխանուհի, մենք պատրաստ էինք քեզ համար զոհվելու, իսկ դու այս ի՞նչ արիր... (*ծերունուն ձայնակցում են բոլոր կապյալներն իրենց օրհնություններով*):

ՌՈՒԶԱՆ. — Ինչ որ ես արի, նույնը սովորեցրեք ձեր զավակներին անել, և ձեր հայրենիքը կազատվի ցավերից:

Վարագույր

ՎԵՐՋԱԲԱՆ

Տեսարանը ներկայացնում է մի կանաչազարդ հովիտ, ուր բանակած են թաթարները: Բեմի աջ կողմը Բուրայի իշխանական վրանն է՝ կազմված մի քանի բաժանմունքներից, որոնց առաջինը ներկայացնում է կանանոցը՝ զարդարված կերպասյա, փնջազարդ վարագույրներով: Վրանի մեջ դրված է գեղեցիկ գահավորակ՝ մետաքսյա օթոցով և թավշյա բարձերով: Նրա վրա կոթնած է Ռուզանը, առջևն ունենալով բոլորշի փղոսկրազարդ սեղանիկ, որի վրա դրված է արծաթյա հուրան՝ ոսկյա գավաթի հետ:

ՏԵՍԻԼ Ա

ԲՈՒՐԱ և ՌՈՒԶԱՆ

ԲՈՒՐԱ. — Ո՜վ իմ գեղանի, բոլոր ցանկություններդ արդեն կատարվեցան. քո հորն ու ժողովրդյան ես տվի ազատություն և ատելի Համտունին պատժեցի չարաչար: Այնուհետև ցանկացար, որ իմ զորքերը հանեմ քո հոր իշխանության սահմաններից, որպեսզի նրա երկրում տիրե ապահովություն. այս վերջին ցանկությունն էլ, ահա, կատարեցի: Այժմ մենք հեռի ենք Խաչենի հովիտներից և քո հայրենական լեռների միայն կատարներն ենք տեսնում: Արդ, հասել է ժամը, որ դու խոստումդ կատարելով՝ երջանկացնես ինձ: Օ՜ն ուրեմն, վանի՛ր թախիծը քո դեմքից և լուսալիր աչերդ արցունքներից ազատիր: Թող հրճվանքի արևը սիրուն ճակատդ ոսկեզօծե և շուրթերիդ վրա՝ սիրո ժպիտը խաղա: Թո՛ղ, որ ես մոտենամ քեզ, ո՜վ հավերժահարս, և սիրավառ կուրծքիս վրա այդ սիրուն գլուխդ հանգչեցնեմ:

ՌՈՒԶԱՆ. — Քո շնորհը դեպի ինձ՝ մեծ է, ո՜վ իշխան. բայց տո՛ւր ինձ, խնդրում եմ, մի փոքր ժամանակ:

ԲՈՒՐԱ. — (*զարմացած և դժգոհ*) Դարձյա՞լ ժամանակ. այս քանի՞երրորդ անգամ:

ՌՈՒԶԱՆ. — Ոչ ավելի, քան մի ժամ... Ես կամենում եմ քո հաճույքը կատարելուց առաջ՝ վերջին անգամ աղոթել և, դրա հետ միասին, կատարել մի սուրբ պարտք, որ ծանրանում է այժմ իմ խղճի վրա:

ԲՈՒՐԱ. — Գիտցի՛ր, ո՛վ Ռուզան, դու միակ կինն ես, որին ես այսքան զիջումներ եմ անում: Իմ հարեմի գեղեցկուհիների ամենից համառն անձնատուր է եղել ինձ մեր միայնության առաջին ժամում: Բայց քո ձայնն ու հայացքը հաղթահարում են ինձ, ուստի չեմ կամենում, որ առանց քո ցանկության, նույնիսկ, շունչս մոտենա քեզ: Ուրեմն ես նորեն տալիս եմ քեզ, ահա՛, մի ժամ ժամանակ: Բայց գիտցի՛ր, որ դա կլինի վերջինը: Այդ ժամն անցնելուց ետ՝ դու պիտի երջանկացնես ինձ քո սիրաշունչ համբույրներով: (*Դուրս է գնում*):

ՌՈՒԶԱՆ. — (*աչքերը խոնարհած*) Թող այդպես լինի, տե՛ր...

ՏԵՍԻԼ Բ

ՌՈՒԶԱՆ (*միայնակ*)

Ահա՛, հասավ ժամը՝ վերջին պարտքը կատարելու, կյանքին և աշխարհին վերջին բարևը տալու... Օ՛ն, ուրեմն, սի՛րտ իմ, զորացի՛ր և գործի՛ր պարտքերից ծանրագույնը կատարի՛ր քաջությամբ: Այն խաչը, որ մինչև այստեղ հոժարամիտ կրեցիր, այժմ պիտի փառավորես քո կյանքի գնով... Թո՛ղ երկյուղն ապշե՝ արիությունդ տեսնելով. թող մահն ամոթից կարմրի քո առաջ... (*հանում է մատանին և գոհարը բարձրացնելով՝ նայում է տակը պահված թույնին*) Դո՛ւ, որ այդքան փոքր ես և, սակայն, ահավոր զորություն ունիս քո մեջ. դո՛ւ, որ եղծանում ես արարչի հրաշակերտը՝ նրա երակների արյունը սառեցնելով և զգացմունքների անոթը փշրելով, անշուշտ, ստեղծված ես ո՛չ միշտ չարիքներ ծնանելու համար, և ո՛վ դիմում է քո օգնությանը՝ չէ՛ միշտ հանցավոր և անիծապարտ...Երբ բախտի չար կամքով դառնանում է սրտի անուշ քաղցրությունը, երբ բռնության շնորհիվ սիրո արքայությունը փոխվում է դժոխքի, երբ ապականությունը զորանալով՝ սպառնում է առաքինությանը նախատական կորուստ, այն ժամանակ դու, ո՛վ մահաբեր թույն, դառնում ես տենչալի և արդա՛ր հոգվույն. և եթե նրան բաժանում ես մարմնից և սատար լինում երկինք վերանալու, դրանով արդեն գործում ես բարիք՝ ազատելով հոգին մեղսածին կապերից: (*Մատանին խրում է ոսկյա գավաթի մեջ*) օ՛ն, ուրեմն, իջի՛ր հատակն այս ջրի, որ հոսել է իմ երկրի կուսական լեռներից. հաղորդի՛ր սրան քո բոլոր զորությունը, թունավորի՛ր սրա վերջին կաթիլը, որպեսզի սա սրտիս բերե հավիտենական քուն և փրկե հոգիս սիրատանջ վշտերից.... (*տեղից բարձրանալով՝ նայում է հեռուն*): Այժմ մնաք բարով, հայրենի լեռնե՛ր, հայրենի երկի՛նք, հայրենի արև, ձեզ վրա նայում եմ ես վերջին անգամ և ձեզ նվիրում իմ ետին շունչը, իմ օրհնությունը... Մնաս բարով և դու, հայո՛ց ժողովուրդ, քեզ սիրեցի ես կաթոգին սիրով և քո փրկության սեղանի վրա (*բարձացնում է թունալից գավաթը*) դնում եմ, ահա՛, իմ ողջակեզը... Ընդունի՛ր այս զոհը և աղոթի՛ր աստծուն, որ սա լինի վերջինը այն անբավ զոհերի, որ քո որդիքը բերին քեզ կամակար... (*խմում է թույնը և վրանի վարագույրը քաշելով՝ մտնում է նրա խորքը*):

ՏԵՍԻԼ Գ

ԳՈՒԺԿԱՆ, զինվորներ, ՋՈԼԱ և ԲՈՒՐԱ

ԳՈՒԺԿԱՆ. — (*աղմուկով ներս վազելով*) Օ՛ն, ի զե՛ն, եղբա՛յրք, թշնամին հասնում է:

ԶԻՆՎՈՐՆԵՐ. — (*շրջապատելով գուժկանին*) Ովքե՞ր են, ո՞ր կողմից...

ԳՈՒԺԿԱՆ. — Հայերը, հայերը, ահա՛ մեր ետևում:

ՋՈԼԱ. — (*դուրս վազելով վրանից*) Ի՞նչ աղմուկ է այս:

ԲՈՒՐԱ. — (*դուրս գալով մյուս վրանից*) Ո՞վ է համարձակվում մեր հանգիստը վրդովել:

ԳՈՒԺԿԱՆ. — Տեր իմ, հայերը վրա հասան հանկարծ. մեր վերջապահները կռվի բռնվեցան, բայց չկարողանալով դիմադրել նրանց, կիսով չափ ջարդվեցան և փախուստ դարձան:

ԲՈՒՐԱ. — (*վրդովված*) Իսկ մեր հեծելազո՞րը...

ԳՈՒԺԿԱՆ. — Պատահեց թշնամուն այս հովտի բերանում և կռվում է նրա հետ:

ՋՈԼԱ. — (*կատաղաբար*) Անիծյալնե՛ր, դավաճաննե՛ր, մինչև այդտեղ հանդգնեցա՞ն...

ԲՈՒՐԱ. — (*դեպի զորականը*) Ազդարարնե՛ր, նշան տվեք, թող ամենքը զենքի դիմեն: (*Թմբուկները զարկում, շեփորները հնչում են. ամենքը շտապով դիմում են զենքի*):

ՋՈԼԱ. — (*Բուրային*) Ես գիտեի, որ վաղ թե ուշ այս չարիքը պիտի հասներ:

ԲՈՒՐԱ. — Հորեղբայր, չարիք սերմանողը՝ չարիք էլ հնձում է:

ՋՈԼԱ. — Բայց դու բարիք արիր այդ անիծյալ հայերին, էլ ուրիշ ի՞նչ են ուզում:

ԲՈԻՐԱ. — Եկել են, անշուշտ մեր գողոնը խլելու:

ՋՈԼԱ. — Ի՞նչ գողոն, տղա՛ս, Ջալալի գանձերը հո չառի՞նք:

ԲՈԻՐԱ. — Գանձերից թանկագինը գտնվում է մեր վրանում... բայց խոսելու ժամանակ չէ. աճապարենք գործել (*թիկնապահներին*): Հապա քաջեր. իմ նժույգը: (*Թիկնապահներն շտապում են նժույգներ բերել*):

ՋՈԼԱ. — Եվ ի՛մը շուտով:

ՏԵՍԻԼ Դ

Ներս են վազում մի խումբ փախստյալներ

ԲՈԻՐԱ. — Այս ի՞նչ է, փախստյանե՞ր...

ՄԻ ՓԱԽՍՏՅԱ. — Տեր-Նուին, հայերը սաստիկ թափով մեզ ցրվեցին:

ԲՈԻՐԱ. — (*զայրացած*) թշվառականներ, դուք համարձակվում եք փախչել, երբ մենք դեռ նոր ենք սուրը մերկացնում:

ՓԱԽՍՏՅԱ. — Տեր իմ, անկարելի է դիմադրել:

ԲՈԻՐԱ. — Քաշի՛ր լեզուդ, կնամա՛րդ, (*մյուսներին և զորականին*), օ՛ն, ամենքդ հառա՛ջ (*սուրը հանելով դիմում է բեմի խորքը*):

ԶՈՀԱ. — Հառաջ, օ՛ն հառաջ... (*հետևում է Բուրային*)։

(*Զորքերը գոռալով հետևում են նրանց*)։

ՏԵՍԻԼ Ե

Բեմից դուրս սկսում է ընդհարումն, շփոթ, աղաղակ, զենքերի շաչյուն. իրար ետևից մտնում են բեմը թաթար փախստյաներ, որոնք խմբակներով փախչում են այս ու այն կողմը։ Ապա երևում են հայոց ու թաթարաց ախոյաններ, որոնք մենամարտելով՝ մտնում են բեմը, ուր ոմանք ընկնում, և ոմանք փախուստ են տալիս։ Սրանց հետևում են ուրիշ ախոյաններ, որոնք նույն ձևով կռվելով անցնում են բեմից։ Լսվում են մոտեցող թմբուկների ու փողերի ու փողերի ձայներ, հաղթական աղաղակներ։ Ներս են մտնում հայոց իշխանները՝ Ջալալ, Զաքարե, Ներսեհ, Սմբատ, Ումեկ, իրենց թիկնապահներով. նրանց հետևում են զորախմբերը։

ՋԱԼԱԼ. — (*Ներսեհին*) Հապա, իմ քաջ, առաջ անցիր, Ռուզանս գտի՛ր։

ՆԵՐՍԵՀ. — (*դիմելով դեպի առաջին պատրաստած վրանը*) Այս վրանը դատարկ է։

ՋԱԼԱԼ. — (*ցույց տալով կանանոցը*) Ահա՛ կանանոցը, այստե՛ղ որոնիր։

ՆԵՐՍԵՀ. — (*կանանոցի վարագույրը քաշելով*) Ահա այստեղ է մեր սիրո հրեշտակը (*մոտենալով Ռուզանին*) Ողջույն քեզ, պաշտելիդ իմ:

ԶԱԼԱԼ. — (*ներս վազելով*) Այստե՞ղ է Ռուզանս. (*փարվելով աղջկանը*). ո՛վ իմ անգին զավակ:

ՌՈՒԶԱՆ. — (*դժվարությամբ բարձրանալով զահավորակի վրա*) Ներսեհ... հայր իմ... դուք այստե՞ղ... Ո՛վ ամեազոր աստվա՛ծ...

ԶԱԼԱԼ. — (*անհանգստությամբ*) Այս ի՞նչ է, դու հիվանդ ես, սիրեցյա՛լ զավակս:

ՆԵՐՍԵՀ. — Գուցե մի չարի՞ք հասավ քեզ...

ՌՈՒԶԱՆ. — Օ՛, ոչինչ. այս շուտով կանցնի... Աստվա՛ծ իմ, ինչպե՛ս ուրախ եմ. ուրեմն դուք այստե՛ղ, իմ շուրջն եք... և այս երազ չէ, սիրեցյալ հա՛յր, սիրելի հորեղբա՛յր, և դո՞ւ Ներսե՛հ, և դո՞ւք իշխաններ, ողջույն ձեզ. օ՛, որքան երջանիկ եմ, որ նորեն տեսնում եմ ձեզ... դե՛հ, պատմեցեք այդ ինչպե՞ս եղավ, ինչպե՞ս հասաք այստեղ...

ԶԱԼԱԼ. — Աստուծո օգնությամբ, սիրելի զավակս:

ՌՈՒԶԱՆ. — Բայց պատմեցեք, ես ուզում եմ լսել:

ՆԵՐՍԵՀ. — Հենց որ թշնամին ամրոցի մոտից հեռացավ, մենք դուրս եկանք բերդից մեր սակավաթիվ զորքերով: Հինապետներին ցրեցինք գյուղերը զորաժողով անելու, իսկ մենք քայլ առ քայլ հետևեցինք թշնամուն: Երկու օրվա ընթացքում մեր շուրջը ժողովեցան հինգ հազար քաջեր, որոնց հետ միասին և հարձակվեցանք թշնամու վրա: Թաթարաց գնդերը չվում էին զատ-զատ. մի քանի կետերում մենք նրանց ջարդեցինք, իսկ մի քանիսում՝ փախուստ դարձրինք: Վերջին դիմադրությունը եղավ (*ցույց տալով*) այս հովտում, ուր մեռնողների թվում դժոխք ուղարկեցինք ծերուկ Զոլային: Բայց Բուրա-Նուինը փախչողների հետ ազատվեց:

ՌՈՒԶԱՆ. — Օրհնյա՛լ է աստված... իսկ մեր քաջերից մի՞թե շատերն ընկան:

ՆԵՐՍԵՀ. — Հազիվ մի երկու տասնյակ զինվոր...

ՌՈՒԶԱՆ. — Իսկ իշխաննե՞րը՝ բոլո՞րը ողջ են:

ՍՄԲԱՏ. — Միայն Պապաքը զոհ գնաց յուր անխոհեմության: Նա կամեցել էր դասալիք լինել, ուստի և զինվորներից նետահար եղավ:

ՌՈՒԶԱՆ. — (*դժվարաշունչ*) Ուրեմն աստուծո աջը օգնության է հասել ձեզ... օրհնվի նրա անունը հավիտյա՛նս հավիտենից...

ԶԱԼԱԼ. — (*անհանգստությամբ*) Բայց քեզ ի՞նչ է պատահում, զավակս, դու հետզհետե նվաղո՞ւմ ես...

ԶԱՔԱՐԵ. — Ի՞նչ չարիք է հասել քեզ, Ռուզան, խոսի՛ր հայտնապես:

ՆԵՐՍԵՀ. — Խոսի՛ր Ռուզան, քո դեմքի դալուկը սարսափեցնում է ինձ:

ՍՄԲԱՏ. — Միգուցե ապիրատի մեկը հարվածեց քեզ շփոթի ժամանակ:

ՌՈՒԶԱՆ. — Ես, այո՛, հարված ստացա, բայց ոչ ուրիշի, այլ իմ ձեռքից...

ԶԱԼԱԼ. — Քո ձեռքի՞ց... Դու, ուրեմն, վիրավորեցի՞ր քեզ:

ՌՈՒԶԱՆ. — Ես թունավորեցի ինձ...

ԶԱԼԱԼ. — (*սարսափահար*) Դո՞ւ... թու...նավորեցի՞ր քեզ...ով անբախտ զավակ...

ՆԵՐՍԵՀ. — (*հուսահատաբար*) Ո՛վ զարհուրելի գույժ. ինչո՞ւ երկինքը չէ փլչում մեր գլխին...

ՌՈՒԶԱՆ. — Մի՛ տխրիք և մի հուսահատիք... ես երջանիկ եմ, որ պիտի մեռնեմ ձեր գրկերում...

ԶԱԼԱԼ. — (*վշտահար*) Բայց ինչո՞ւ, ինչո՞ւ կամեցար մեռնել... մի՞թե բավական չէր քո փախուստը...

ՌՈՒԶԱՆ. — Օ՛, հայր իմ, մի՛ կշտամբիր ինձ... եթե ես չփախչեի, եթե ես չզոհեի ինձ, թշնամին չէր հեռանալ քո բերդի ստորոտից...

ԶԱՔԱՐԵ. — (*տխրահոչակ*) Եվ մենք չէինք կարող զորաժողով անել և երկրի փրկությունը սրով ձեռք բերել:

ՍՄԲԱՏ. — (*առանձին*) Ճշմարիտ է ասում, սա ինքն է մեր փրկիչը...

ՆԵՐՍԵՀ. — (*հուզված*) Բայց մեզ փրկելուց ետ ինչո՞ւ կամեցար մեռնել...

ՌՈՒԶԱՆ. — (*նվազաձայն*) Որպեսզի թշնամու ձեռը չփարեր քո հարսնացուին...

ԶԱԼԱԼ. — Մի՞թե չգիտեիր, որ քո հայրը չէր թողիլ քեզ նրա ճանկերում:

ՌՈՒԶԱՆ. — Գիտեի. բայց չուզեցի որ թշնամին ճանաչեր ինձ իբրև գործիք դավադրության... Կամեցա, որ աշխարհին իմանա թե՝ հայ աղջիկը կարող է զոհվել, բայց երբեք խաբել...

ԶԱԼԱԼ. — (*լալագին*) Ո՛վ իմ աննման զավակ...

ՌԻՄԵԿ. — (*իշխաններին*) Բայց ո՞վ մատակարարեց սրան թույնը:

ՌՈՒԶԱՆ. — Մի՛ բարի հոգի...

ՍՄԲԱՏ. — Ահա՛ այս զավաթի մեջ է մեզ ամենքին հայտնի Թենիի մատանին:

ՆԵՐՍԵՀ. — (*վեր թռչելով*) Թենիի մատանի՞ն... (*մոտենում է դիտելու*):

ԶԱԼԱԼ. — (*զարհուրագին*) Թենիի մատանի՞ն... Օ՛, որդեսպան (*Ռուզանին*). ուրեմն այդ պառա՞վը մատակարարեց քեզ թույնը...

(*Ամենը սարսափի բացականչություններ են անում*)։

ՌՈՒԶԱՆ. — Նա մի բարի գործ կատարեց. ների՛ր նրան, հայր իմ...

ԶԱԼԱԼ. — (*զայրագին*) Ներել նրան. օ՛, ոչ. միակ և առաջին արյունը, որ պիտի թափվի իմ ամրոցում կլինի այդ ժանտ պառավի արյունը...

ՌՈՒԶԱՆ. — (*վերջին շնչում*) Ների՛ր նրան, հայր իմ, քեզ խնդրում է զավակդ յուր վերջին շնչում...

ԶԱԼԱԼ. — Բայց նա...

ՌՈՒԶԱՆ. — (*ընդհատելով*) Այո՛, Թենին կին է, կնոջ միշտ պետք է ներել...

ԶԱԼԱԼ. — (*արտասվագին*) Իսկ դու, զավակս, դու արդեն թողնում ես մեզ...

ՌՈՒԶԱՆ. — (*վերջին շնչում*) Թողնում եմ... այո՛, բայց հանգիստ և ուրախ... հավիտյան ձեզ օրհնելով... — մնացեք բարով, հայր իմ... և դու Ներսեհ... և դուք, իշխաններ... տարեք իմ ողջույնը տարաբախտ մորս... աղաչեցեք, որ ներե ինձ և աղոթե ինձ համար... (*հետզհետե նվաղելով՝ ընկնում է գահավորակի վրա*)։

ԶԱԼԱԼ. — (*հեկեկալով և Ռուզանին գրկելով*) Ո՛վ իմ աննման, ո՞ւր թողեցիր ինձ...

ՆԵՐՍԵՀ. — (*ծնկան գալով գահավորակի առաջ*) Ռուզան, Ռուզան...

ԲՈԼՈՐԸ. — (*հեկեկում են*)։

Վարագույր

ՎԵՐՋ